Die preußischen

Forst- und Jagd-Gesetze

mit Erläuterungen herausgegeben

von

Dr. O. v. Öhlschläger,
Wirklicher Geheimer Rat,
Präsident des Reichsgerichts.

K. Frhr. v. Bülow,
Senatspräsident am Reichsgericht.

und

A. Bernhardt,
w. Kgl. Preuß. Ober-Forstmeister und
Direktor d. Forstakademie zu Münden.

F. Sterneberg,
Wirkl. Geh. Rat, Unterstaatssekretär
im Ministerium für Landwirtschaft,
Domänen und Forsten.

I. Band.

Das Gesetz vom 15. April 1878, betreffend den Forstdiebstahl.

Fünfte vermehrte Auflage.

Springer-Verlag Berlin Heidelberg GmbH
1904

Gesetz

betreffend

den Forstdiebstahl

vom 15. April 1878

mit Erläuterungen herausgegeben

von

Dr. O. v. Öhlschläger,
Wirklicher Geheimer Rat,
Präsident des Reichsgerichts

und

A. Bernhardt,
w. Kgl. Preuß. Ober-Forstmeister und
Direktor d. Forstakademie zu Münden.

Fünfte vermehrte Auflage

neu bearbeitet durch

J. Peltzer,
Ober-Landeskulturgerichts-Rat

und

W. Schultz,
Landforstmeister a. D.

Springer-Verlag Berlin Heidelberg GmbH
1904

ISBN 978-3-642-93812-2 ISBN 978-3-642-94212-9 (eBook)
DOI 10.1007/978-3-642-94212-9
Softcover reprint of the hardcover 5th edition 1904

Vorwort zur fünften Auflage.

Die im Jahre 1886 erschienene vierte Auflage des vorliegenden Werkes war bereits seit längerer Zeit vergriffen. Da von den Verfassern der Reichsgerichtspräsident Wirkliche Geheime Rat Dr. von Oehlschläger durch anderweite starke Inanspruchnahme an einer Neubearbeitung verhindert war, während der Oberforstmeister Bernhardt nicht mehr unter den Lebenden weilt, haben auf Veranlassung der Verlagsbuchhandlung die Unterzeichneten die Neubearbeitung übernommen.

Größere Veränderungen an dem als trefflich anerkannten Kommentar vorzunehmen lag keine Veranlassung vor — nur sind die zahlreichen Hinweise auf das durch das vorliegende Gesetz ersetzte Holzdiebstahlsgesetz vom 2. Juni 1852 durchweg beseitigt worden. Beim Erscheinen der frühern Auflagen mußten diese Manchen der zur Anwendung des Forstdiebstahlsgesetzes Berufenen insofern erwünscht sein, als sie den Übergang von dem alten in den neuen Rechtszustand erleichterten; für die jetzige Praxis — deren Bedürfnissen zu dienen der Kommentar vorzugsweise bestimmt ist — haben sie keine unmittelbare Bedeutung mehr.

Die seit dem Erscheinen der vorigen Auflage ergangenen Verwaltungsanordnungen und einschlägigen richterlichen Entscheidungen sind möglichst ausgiebig berücksichtigt und mitgeteilt worden.

Berlin, im September 1903.

Die Herausgeber.

Erklärung der Abkürzungen.

ALR. = Allgemeines Landrecht für die Preußischen Staaten.
AKB. = Bericht der XVII. Kommission des Abgeordnetenhauses über den Entwurf eines Forstdiebstahlsgesetzes. (Drucksachen II. Session 1877/78 Nr. 212.)
ASt.B. = Stenographischer Bericht über die Verhandlungen des Abgeordnetenhauses 13. Legislaturperiode II. Session 1877/78.
BGB. = Bürgerliches Gesetzbuch.
DGVG. = Gerichtsverfassungsgesetz für das Deutsche Reich.
FDG. = Gesetz betreffend den Forstdiebstahl vom 15. April 1878.
GA. = Goltdammer, Archiv für Preußisches Strafrecht.
HDG. = Gesetz betreffend den Diebstahl an Holz und anderen Waldprodukten vom 2. Juni 1852.
HKB. = Bericht der X. Kommission des Herrenhauses über den Entwurf eines Forstdiebstahlsgesetzes. (Herrenhaus-Sitzungsperiode 1877. II. Nr. 46.)
HStB. = Stenographischer Bericht über die Verhandlungen des Herrenhauses. Sitzungsperiode 1877. II.
JMBl. = Justiz-Ministerial-Blatt für die Preußische Gesetzgebung und Rechtspflege.
JustMin. = Justiz-Minister.
Joh. = Johow u. Küntzel: Jahrbuch der Entscheidungen des Kammergerichts
KErk. = Erkenntnis des Kammergerichts zu Berlin.
KUrt. = Urteil des Kammergerichts.
LandwMin. = Minister für Landwirtschaft, Domänen u. Forsten.
OErk. = Erkenntnis des Preußischen Obertribunals.
ORO. = Oppenhoff: Die Rechtsprechung des Königlichen Obertribunals in Strafsachen.
PrGVG. = Preußisches Ausführungsgesetz zum deutschen Gerichtsverfassungsgesetze vom 24. April 1878.
RUrt. = Urteil des Reichsgerichts zu Leipzig.
StGB. = Strafgesetzbuch für das Deutsche Reich.
StrPrO. = Strafprozeßordnung für das Deutsche Reich.
URStr. = Entscheidungen des Reichsgerichts in Strafsachen; herausgegeben von den Mitgliedern des Gerichtshofes.
VMBl. = Ministerialblatt für die gesamte innere Verwaltung.

Gesetz
betreffend
den Forstdiebstahl.

Vom 15. April 1878.
GesS. S. 222.

Wir Wilhelm, von Gottes Gnaden König von Preußen 2c. verordnen mit Zustimmung der beiden Häuser des Landtages Unserer Monarchie*) für den ganzen Umfang derselben, was folgt:

*) Nach Art. 4 Nr. 13 der Reichsverfassung unterliegt die gesetzliche Regelung der Vorschriften über den Holz- (Forst-) Diebstahl der Zuständigkeit des Reiches. Das Reich hat aber seine Befugnis an die Landesgesetzgebung der einzelnen Bundesstaaten abgetreten: im Gebiete des materiellen Rechts durch den § 2. des Einführungsgesetzes zum StrGB.:

— — — — — — — — — — — — — — — — —

„In Kraft bleiben die besonderen Vorschriften des Landesstrafrechts — — — — über den Holz- (Forst-) Diebstahl."

— — — — — — — — — — — — — — — — —

im Gebiete des Prozeßrechts durch den § 3. des Einführungsgesetzes zur StrPrO.:

— — — — — — — — — — — — — — — — —

„Die Landesgesetze können anordnen, dass Forst- und Feldrügesachen durch die Amtsgerichte in einem besonderen Verfahren, sowie ohne Zuziehung von Schöffen verhandelt und entschieden werden."

Auf der Grundlage dieser vom Reich abgetretenen Zuständigkeit ruht das gegenwärtige Gesetz. Es hat keinen erschöpfenden Charakter, findet vielmehr seine Ergänzung im Reichsrechte, nämlich, soweit es sich um materielle Strafbestimmungen handelt, in den Vorschriften des Strafgesetzbuches (vgl. u. a. die Anmerkungen zu den §§ 4. 5. 6. 8. 12.

§ 1.

Forstdiebstahl[1]) im Sinne dieses Gesetzes ist der in einem Forst oder auf einem anderen hauptsächlich zur Holznutzung bestimmten Grundstücke[2]) verübte Diebstahl[3]):

---

u. 18. dieses Gesetzes und soweit es sich um das Verfahren handelt, in den Vorschriften der Strafprozeßordnung (vgl. die Anm. zum § 21. dieses Gesetzes).

1) Die Bezeichnungen Holzdiebstahl und Forstdiebstahl werden in der deutschen Landesgesetzgebung in dem gleichen Sinne gebraucht; auch das Reichsstrafrecht stellt sie als gleichbedeutend neben einander (§ 2. Abs. 2. Einf.-Ges. z. StrGB.). Die erste Bezeichnung weist (ähnlich wie: Gelddiebstahl, Getreidediebstahl, Pferdediebstahl) auf den Gegenstand der Entwendung, die andere (ähnlich wie: Kirchendiebstahl, Hausdiebstahl, Taschendiebstahl) auf den Ort hin, wo der entwendete Gegenstand zur Zeit der Tat sich befindet. Das gegenwärtige Gesetz hat dem Ausdrucke Forstdiebstahl den Vorzug gegeben, weil es bei der Begriffsbestimmung der in ihm behandelten strafbaren Handlungen in erster Linie den Ort, wo gestohlen worden ist, ins Auge faßt.

2) Ein Forstdiebstahl liegt nur dann vor, wenn Holz oder andere Walderzeugnisse gestohlen sind in einem Forst (d. h. in einem eingerichteten und planmäßig bewirtschafteten Walde) oder auf einem anderen, hauptsächlich zur Holznutzung bestimmten Grundstücke.

In holzarmen Gegenden pflanzt man an Wegen und Grenzrainen der Holznutzung wegen Weidenbäume, denen man von Zeit zu Zeit die Äste wegnimmt, um diese als Brennmaterial zu verwerten. Die Entwendung eines solchen Baumes fällt nicht unter den Begriff des Forstdiebstahls, weil das Grundstück, worauf der Baum sich befand, nicht zur Holznutzung hauptsächlich bestimmt, die Zweckbestimmung des Baumes aber gleichgültig ist. In solchem Falle greifen entweder die Bestimmungen des Feld- und Forstpolizeigesetzes v. 1. April 1880 Platz (§§ 6, 18, 20 Nr. 4), oder es kommt die Strafe des Diebstahls zur Anwendung; so beispielsweise bei der Entwendung von Holz aus einem sogenannten „Knick". (RUrt. 1. Juni 81. URStr. Bd. 4, S. 268). Anlandungen eines Flusses, die zur besseren Befestigung des Ufers mit Weidenanpflanzungen versehen sind, können als Holzgrundstücke in Betracht kommen, wenn die Weiden durch regel-

1. an Holz, welches noch nicht vom Stamme oder vom Boden getrennt[4]) ist;

---

mäßigen Abtrieb und Verarbeitung zu Faschienen genutzt werden (RUrt. v. 25. Okt. 1889 URStr. Bd. 20, S. 11; vgl. auch RUrt. v. 25. Jan. 1889 URStr. Bd. 18, S. 437).

Wird aber von einem Grundstücke, das nicht als Forst gelten kann, aber hauptsächlich zur Holznutzung bestimmt ist (z. B. von einem Grundstücke, auf welchem Weiden gezogen werden, um als Flechtwerk zu dienen), ein dort zufällig stehender Obstbaum gestohlen, so liegt Forstdiebstahl vor, weil das Grundstück, worauf der Baum stand, der Holznutzung dient.

3) Forstdiebstahl liegt nur vor, wenn alle Erfordernisse eines Diebstahls vorhanden sind; insbesondere muß der Täter in diebischer Absicht gehandelt haben, d. h. in dem Bewußtsein der Rechtswidrigkeit der bezweckten Zueignung.

[Als Forstdiebstahl ist es daher nicht anzusehen: wenn jemand in der irrigen Voraussetzung einer ihm zustehenden Holzberechtigung sich eigenmächtig Holz angeeignet; ferner nicht, wenn jemand sich, wenn auch irrtümlich, für den Eigentümer des angeeigneten Holzes gehalten hat (KUrt. v. 18. Jan. 1892 Joh. Bd. 12, S. 269); ingleichen nicht, wenn jemand ein Walderzeugnis, von dem er den Umständen nach annahm, daß der Waldeigentümer es preisgebe, aufgesucht und sich zugeeignet hat, ingleichen nicht, wenn jemand zur Beseitigung eines augenblicklichen Notstandes (beispielsweise der Fuhrmann zur Aufrichtung seines umgeworfenen Wagens) einen Holzstamm abgeschlagen und in vorübergehenden Gebrauch genommen hat.

Es können in diesen und ähnlichen Fällen forstpolizeiliche Strafbestimmungen Platz greifen; eine Bestrafung wegen Forstdiebstahls aber würde wegen Mangels einer diebischen Absicht des Täters ausgeschlossen sein.]

4) Den Gegensatz zu dem in Nr. 1. bezeichneten Holze bildet (abgesehen von dem durch Zufall abgebrochenen oder umgeworfenen Holze, welches in Nr. 2 erwähnt ist) das durch die Handlung eines Menschen vom Stamme oder Boden getrennte Holz. Ohne eine solche Trennung behält es auch dann die Natur des in Nr. 1 bezeichneten Holzes, wenn es zu gewissen Zwecken zugerichtet ist; der Diebstahl an Baumstümpfen also, die zu Merkzeichen hergerichtet sind, ohne vom Boden getrennt zu sein, ist Forstdiebstahl. (RUrt. 5. Okt. 83. URStr. Bd. 9, S. 72).

2. an Holz, welches durch Zufall abgebrochen oder umgeworfen, und mit dessen Zurichtung noch nicht der Anfang gemacht worden ist[5]).

---

5) Im besonderen: Lagerholz, Windfall- und Windbruchholz, Schneebruchholz u. dgl. m., und zwar ganze Stämme, Teile des Schaftes, Wipfel, Äste und Zweige. Den Gegensatz zu dem in Nr. 2. bezeichneten Holze bildet das durch Zufall umgeworfene oder abgebrochene und demnächst in Zurichtung genommene Holz.

[Wesentlich für den Begriff des Forstdiebstahls also ist, daß an dem Holze keine Handlung vorgenommen worden ist, die auf eine Aneignung durch den Berechtigten oder auf die Besitzergreifung durch einen anderen hinweist.

Es ist Diebstahl und nicht Forstdiebstahl, wenn B. aus dem Forste einen Baum wegnimmt, der vorher vom Forstdieb A. gefällt, aber aus irgend einem Grunde nicht mitgenommen, sondern zurückgelassen worden war.

Ebenso ist das Abhauen und Entwenden von Ästen bereits gefällter Bäume im Walde, mit deren Zubereitung noch nicht begonnen ist, einfacher und nicht etwa Forstdiebstahl. (RUrt. v. 1. Juni 1894. URStr. Bd. 25, S. 393.)

Auch der Förster, der in dem seiner Obhut anvertrauten Forste einen von Frevlern gefällten und zurückgelassenen Baum sich zueignet, begeht einen Diebstahl. (OErk. 2. Mai 66. ORO. VII. 264; indirekt auch RUrt. 2. Dez. 81. URStr. Bd. 5, S. 180.)

Ebenso ist es Diebstahl, wenn jemand in der Absicht, einen Forstdiebstahl zu begehen, Holz gefällt, dieses aber, weil er seine Absicht aufgab, im Walde zurückgelassen und erst später in der Absicht rechtswidriger Zueignung abgeholt hat. (OErk. 22. Sept. 65. GA. XIII. 804.)

Wenn die vom Waldeigentümer mit der Abholzung eines Schlages beauftragten Holzschläger Holz, das sie selbst geschlagen haben, sich aneignen, so richtet sich die Entscheidung der Frage, ob Diebstahl oder Forstdiebstahl vorliege danach, in welchem Zeitpunkte die diebische Absicht zuerst auftrat. Geschah dies vor dem Einschlagen des Holzes, so liegt Forstdiebstahl, geschah es nach dem Einschlagen, Diebstahl vor. (OErk. 4. Dzbr. 67 und 11. Dzbr. 67. GA. XVI. 148.)

Als Zurichtung des durch Zufall umgeworfenen oder abgebrochenen Holzes ist es schon anzusehen, wenn der

3. an Spähnen[6]), Abraum[7]) oder Borke[8]), sofern die=

Förster das Holz mit einer Nummer versehen hat. (OErk. 22. Dzbr. 69. GA. XVIII. 121.)

Die Zurichtung braucht übrigens nicht vom Berechtigten unternommen zu sein. Der Forstdieb A. findet eine Windbruchskiefer, richtet sie zu und geht fort, um ein Fuhrwerk zur Abholung der zugerichteten Kiefer herbeizuschaffen. Inzwischen stiehlt B. die zugerichtete Kiefer. B. wird wegen Diebstahls zu bestrafen sein, selbst wenn zur Zeit der Tat ihm bekannt gewesen sein sollte, daß die Kiefer nicht vom Berechtigten zugerichtet war.]

6) Unter Spänen sind Holzteile verstanden, die beim Fällen und Bearbeiten des Holzes abfallen. Nicht bloß diejenigen Späne kommen hier in Betracht, welche bei der ersten groben Zurichtung des Holzes abfallen, sondern auch diejenigen, welche aus der weiteren, feineren Bearbeitung des Holzes hervorgehen. (OErk. 13. Juni 57. GA. V. 683.)

7) Der Ausdruck Abraum fand sich schon im ALR. I. 22. § 215. Der Abraum wurde dort unter den weiteren Begriff des Raff= und Leseholzes gestellt, und auf die in abgeholzten Schlägen zurückgelassenen Holzabfälle beschränkt.

Im Sinne dieses Gesetzes sind unter Abraum die nicht zu den Spänen gehörigen Abfälle zu verstehen, die der Forstberechtigte nicht als seinerseits gewonnene Nutzung betrachtet. (OErk. 1. April 59. GA. VII. 371.)

„Unter Abraum sind Abfälle geringen Wertes von der „Natur der „Abfälle" zu verstehen, welche in abgeholzten „Schlägen oder überhaupt beim Schlagen von Holz im „Walde zurückgelassen sind, welche der Waldeigentümer noch „nicht als bereits gewonnene Objekte seiner Nutzungsberech„tigung betrachtet, zum Verarbeiten oder zur Verwertung „eingesammelt, zusammengebunden, zusammengeschichtet hat." (RUrt. v. 7. Febr. 1902. URStr. Bd. 35, S. 161.)

8) Unter Borke ist nur solche Rinde zu verstehen, welche „sei es durch äußeren Zufall oder durch eine bei der Holz„kultur nicht beabsichtigte Folge der Arbeit vom Holze „getrennt ist, nicht aber diejenige, welche durch ein wirt„schaftliches Verfahren behufs des Verkaufs und der Ver„wendung zur Lohgerberei vom Baume abgelöst und zum „Trocknen ausgelegt ist. Auf den Diebstahl solcher Rinde „finden die allgemeinen Strafgesetze Anwendung." (OErk. 21. Dzbr. 54. JMBl. 1855. S. 79.)

selben noch nicht in einer umschlossenen Holzablage sich befinden, oder noch nicht geworben oder eingesammelt[9]) sind;

4. an anderen Walderzeugnissen[10]), insbesondere[11])

Die Entwendung der Rinde von stehenden Bäumen unterliegt der Strafbestimmung des § 3. Nr. 8.

9) Die Entwendung von Spänen, Abraum und Borke unterlag nach dem HDG. v. 2. Juni 52 der milderen Bestrafung wegen Holzdiebstahls überall da, wo die entwendeten Gegenstände noch nicht in einer umschlossenen Holzablage sich befunden haben; die Strafe des Diebstahls trat erst ein, wenn jene Gegenstände aus einer umschlossenen Holzablage gestohlen werden.

Die Strafe des gemeinen Diebstahls findet jetzt nicht nur da Anwendung, wo Späne, Abraum und Borke aus einer umschlossenen Holzablage entwendet werden, sondern auch da, wo diese Gegenstände aus einer nicht umschlossenen Holzablage oder sonst im freien Walde gestohlen werden, sofern sie bereits geworben oder eingesammelt waren. Der verschärfende Zusatz: „oder noch nicht geworben oder eingesammelt sind" beruht auf Beschlüssen der Kommission des Herrenhauses. (HKB. S. 3 und S. 39. Antrag 6.)

10) Das Gesetz faßt den Diebstahl an allen Walderzeugnissen — nicht nur an dem unter § 1 Nr. 1 und 2 erwähnten Holze — gleichviel welche Beschaffenheit sie haben oder welche wirtschaftliche Stellung sie einnehmen, unmittelbar unter den Begriff „Forstdiebstahl" und versagt ihnen eine ausnahmsweise Behandlung auch beim Rückfalle. Ausgeschlossen sind solche Nutzungsgegenstände, welche wie die Kräuter, Beeren und Pilze — siehe darüber Anm. 13 zum § 1. — eine im ganzen geringe Bedeutung für den Waldbesitzer haben und von ihm in der Regel nicht geerntet werden. Als Walderzeugnisse sind nicht anzusehen solche Gegenstände, welche an der Bodenoberfläche und im Boden auf allen Grundstücken vorkommen, wie Steine, Ton, Lehm, Kalk, Mergel, Humuserde usw.; die rechtswidrige Aneignung dieser Gegenstände ist strafbar nach § 370. StrGB., der lautet:

Mit Geldstrafe bis zu einhundertfünfzig Mark oder mit Haft wird bestraft:

2) Wer unbefugt von öffentlichen oder Privatwegen Erde, Steine — —, oder aus Grundstücken, welche

Holzpflanzen, Gras, Haide, Plaggen, Moos, Laub, Streuwerk, Nadelholzzapfen, Waldsämereien, Baumsaft und Harz, sofern dieselben noch nicht geworben oder eingesammelt sind[12]).

Das unbefugte Sammeln von Kräutern, Beeren und Pilzen unterliegt forstpolizeilichen Bestimmungen[13]).

---

einem Anderen gehören, Erde, Lehm, Sand, Grand oder Mergel gräbt, — — — — — —, Steine, Mineralien, zu deren Gewinnung es einer Verleihung, einer Konzession oder einer Erlaubniss der Behörde nicht bedarf, oder ähnliche Gegenstände wegnimmt.

11) Wie die Ausdrucksweise „an anderen Walderzeugnissen, insbesondere" ergibt, soll durch die hier aufgezählten Beispiele der Kreis der in Betracht kommenden Erzeugnisse nicht abgeschlossen sein. Alles was der Forst oder das, hauptsächlich zur Holznutzung bestimmte Grundstück Nutzbares außer dem Holze hervorbringt, ist als Walderzeugnis im Sinne der Nr. 4. anzusehen. (OErk. 19. Dzbr. 56. GA. V. S. 81.)

Die Beispiele sind zum größten Teile dem § 2. des HDG. 2. Juni 52 entlehnt. Neu hinzugefügt sind Holzpflanzen (die im OErk. 16. Septbr. 63. ORO. IV. 47. als „Holz" im Sinne der §§ 1 u. 8 des HDG. aufgefaßt sind), und Plaggen (d. h. Grasnarben-Stücke, auch „Palten" genannt, im OErk. 8. Dzbr. 69. ORO. X. 769. schon als „Waldprodukte" gekennzeichnet). Statt der im HDG. 2. Juni 52 beispielsweise aufgeführten Kienäpfel ist die umfassendere Bezeichnung Nadelholzzapfen gewählt. (HKB. S. 4.)

12) Der Diebstahl an Walderzeugnissen, die bereits geworben oder eingesammelt sind, unterliegt der Strafe des gemeinen Diebstahls nach § 242 ff. des StrGB.

13) Die Entwendung von Kräutern, Beeren und Pilzen (sofern sie in einem Forste oder auf einem, hauptsächlich zur Holznutzung bestimmten Grundstücke verübt wird) wurde nach den §§ 2 u. 3 d. HDG. 2. Juni 52 mit der Strafe des Holzdiebstahls bedroht. Inbetreff der Kräuter folgt dies daraus, daß sie im § 2 als „Waldprodukte" im Sinne des Gesetzes ausdrücklich aufgeführt waren; in betreff der Beeren und Pilze folgt es aus der unumschränkten Anwendung des Ausdrucks „Waldprodukte" im § 2 in Verbindung mit der Tatsache, daß bei der Beratung des HDG. 2. Juni 52 in der ersten wie in der zweiten Kammer die Auffassung, es

sollten mit dem Ausdrucke „Waldprodukte“ im § 2 auch Waldfrüchte, z. B. Beeren, begriffen sein, ausdrücklich zur Geltung gebracht worden ist. (Erste Kammer 1851. II. Legislatur-, Zweite Sitzungsperiode, Drucksache 81. S. 3. — StB. Erste Kammer 1851/52. I. S. 233. — StB. Zweite Kammer 1851/52. III. S. 1479.) Das gegenwärtige Gesetz hat die Auffassung des HDG. 2. Juni 1852 verworfen und die Bestrafung des unbefugten Sammelns von Kräutern, Beeren und Pilzen den Forstpolizeigesetzen überlassen. Historisch ist dabei folgendes zu bemerken: Die Regierungsvorlage wollte die Entwendung von Kräutern (vgl. § 1. Nr. 4) als Forstdiebstahl gestraft wissen. In betreff der Beeren und Pilze enthielt sie sich einer ausdrücklichen Vorschrift; dagegen brachte der gleichzeitig von der Regierung vorgelegte Entwurf eines Feld- und Forstpolizeigesetzes im § 39. Nr. 2. eine Vorschrift dahin (Herrenhaus-Sitzungsperiode 1877. II. Drucksache 13):

> Mit Geldstrafe bis zu zehn Mark oder mit Haft bis zu drei Tagen wird bestraft, wer auf Forstgrundstücken
> 2. dem Verbote des Waldeigentümers zuwider Waldbeeren oder Pilze sammelt, oder, falls er einen Erlaubnisschein erhalten hat, denselben beim Sammeln nicht bei sich führt.

Das Herrenhaus, in dem die Regierungsvorlage zunächst zur Beratung gelangte, strich im Feld- und Forstpolizeigesetze die Nr. 2 des § 39 und kehrte im FDG. zu dem Standpunkte des HDG. 2. Juni 52 zurück, wobei es für zweckmäßig erachtete, die Beeren und Pilze neben den anderen Beispielen von Walderzeugnissen in der Nr. 4 des § 1. ausdrücklich zu nennen. (HKB. S. 3. StB. S. 54—61.) Das Abgeordnetenhaus wiederum strich in der Nr. 4 des § 1. FDG. nicht nur die Worte „Beeren und Pilzen“, sondern auch das Wort „Kräutern“ und fügte den Zusatz an, wonach das unbefugte Sammeln dieser Walderzeugnisse nur aus forstpolizeilichem Gesichtspunkte (nicht aus dem Gesichtspunkte des Forstdiebstahls) zu strafen ist. Unter Kräutern verstand man hierbei nur die zum Genusse für Menschen, namentlich die zu medizinischen Zwecken verwertbaren, nicht aber die Futterkräuter; diese wollte man in den Gattungsbegriff „Gras“ eingeschlossen wissen. (AKB. S. 6.) Vom Herrenhause wurde demnächst durch eine en-bloc-Annahme der Beschlüsse des Abgeordnetenhauses auch die Nr. 4 des § 1. in der Fassung und mit dem Zusatze des Abgeordnetenhauses

§ 2.

Der Forstdiebstahl wird mit einer Geldstrafe bestraft, welche dem fünffachen Werthe des Entwendeten gleichkommt und niemals unter einer Mark betragen darf[1]).

---

genehmigt. (HStB. S. 393.) Das Feld- und Forstpolizeigesetz aber gelangte damals nicht zur Verabschiedung. Die erneute Vorlage in der Sitzungsperiode 1879/80 wiederholte die gegen das unbefugte Sammeln von Kräutern, Beeren u. Pilzen gerichtete Strafvorschrift; im Abgeordnetenhause wurde aber diese Strafvorschrift gestrichen, und das Feld- u. Forstpolizeigesetz vom 1. April 1880 trat ohne eine derartige Bestimmung in Kraft. Sonach unterliegt das unbefugte Sammeln von Kräutern, Beeren u. Pilzen nur den Strafbestimmungen, die etwa durch besondere, in Gemäßheit des Ges. v. 11. März 1850 (Ges.-S. S. 265 vgl. auch Ges. üb. d. allg. Landesverwaltung v. 30. Juli 1883) erlassene Polizeiverordnungen festgesetzt worden sind.

1) Der Forstdiebstahl im Sinne des § 2. stellt sich als Vergehen dar, wenn der Wert des Entwendeten den Betrag von 30 Mark übersteigt; denn in diesem Falle geht die Geldstrafe über 150 Mark hinaus. (StrGB. § 1. Abs. 2.) Beträgt der Wert des Entwendeten nur 30 Mark oder weniger, so liegt eine Übertretung vor. (StrGB. § 1. Abs. 3.)

Die Mindeststrafe von Einer Mark greift in allen Fällen Platz, in denen der Wert des Entwendeten nicht über 20 Pfennige hinausgeht.

Über die Feststellung des Wertes trifft der § 9. Bestimmung. (Vergl. daselbst Anm. 3.)

Hat ein Angeklagter mehrere selbständige Forstdiebstähle begangen, so trifft ihn für jeden einzelnen Fall die volle Strafe des § 2. auch dann, wenn alle Fälle gleichzeitig zur Aburteilung gelangen (StrGB. § 78.). Beispielsweise wird ein Angeklagter, der viermal Holz im Werte von je fünf Pfennigen gestohlen hat, mit einer Geldstrafe von vier Mark (nämlich viermal mit der Mindeststrafe von Einer Mark) zu bestrafen sein, nicht etwa mit einer dem fünffachen Gesamtwerte des Entwendeten gleichkommenden Geldstrafe, die, da der Gesamtwert des in den vier Fällen gestohlenen Holzes 20 Pfennige beträgt, nur auf Eine Mark sich herausstellen würde.

§ 3.

Die Strafe soll gleich dem zehnfachen Werthe des Entwendeten und niemals unter zwei Mark sein[1]):

1. wenn der Forstdiebstahl an einem Sonn- oder Festtage oder in der Zeit von Sonnenuntergang bis Sonnenaufgang[2]) begangen ist;
2. wenn der Thäter[3]) Mittel angewendet hat, um sich unkenntlich zu machen[4]);
3. wenn der Thäter dem Bestohlenen oder der mit dem Forstschutze betrauten Person seinen Namen oder Wohnort anzugeben sich geweigert hat, oder

---

1) Der ausgezeichnete Forstdiebstahl im Sinne des § 3 stellt sich als Vergehen dar, wenn der Wert des Entwendeten 15 Mark übersteigt, als Übertretung, wenn der Wert des Entwendeten nur 15 Mark oder weniger beträgt.

Für die Feststellung der Strafe im Falle des Zusammentreffens mehrerer strafbarer Handlungen gilt das in Anm. 1 zum § 2 Gesagte.

2) Statt des Ausdrucks „zur Nachtzeit" ist der Ausdruck „in der Zeit von Sonnenuntergang bis Sonnenaufgang" gewählt, weil das StrGB. den Begriff „Nachtzeit" nicht gleichmäßig anwendet, sondern darunter bald die Zeit der nächtlichen Ruhe (§§ 243. Nr. 7., 250. Nr. 4.), bald die Zeit der nächtlichen Dunkelheit (§§. 293. 296. 322.) versteht. Hier kommt es auf die Zeit der Dunkelheit an, wo die Ueberwachung der Forsten mit besonderen Schwierigkeiten verknüpft ist. Die Zeit der Dunkelheit aber ist, weil sie beständig wechselt, besser und genauer nach dem Auf- und Untergang der Sonne, als nach der Uhr zu bestimmen.

3) Unter „Täter" ist hier, sowie in den unter Nr. 3. 4. 5. folgenden Bestimmungen jeder bei der Tat in strafbarer Weise Beteiligte verstanden, also auch der Teilnehmer. (Vgl. §§ 51. 52. 68. u. a. d. StrGB.)

4) Im § 4. Nr. 2. HDG. 2. Juni 52. waren beispielsweise das „Vermummen" und das „Färben des Gesichts" als Mittel des Unkenntlichmachens besonders hervorgehoben. Die Anwendung dieser Mittel wird auch durch § 3. Nr. 2. FDG. getroffen, obschon hier von einem besonderen Hinweise darauf abgesehen worden ist.

falsche Angaben über seinen oder seiner Gehülfen Namen oder Wohnort gemacht, oder auf Anrufen des Bestohlenen oder der mit dem Forstschutze betrauten Person, stehen zu bleiben, die Flucht ergriffen oder fortgesetzt hat[5]);

---

5) Die bloße Weigerung, den Namen und Wohnort der Gehülfen anzugeben, gilt nicht als erschwerender Umstand. Die falsche Angabe über den Namen und Wohnort der Gehülfen wirkt (ebenso wie die falsche Angabe über den eigenen Namen und Wohnort) nur dann als erschwerender Umstand, wenn sie „dem Bestohlenen oder der mit dem Forstschutze betrauten Person" gegenüber gemacht ist. Nach der Fassung der Vorschrift könnte dies bezweifelt werden. Es ist aber nachweisbar, daß das Wort „hat" zwischen „geweigert" und „oder" nur infolge eines Redaktionsversehens in den Text der Bestimmung aufgenommen worden ist. Dieses Wort fehlt sowohl in der Regierungsvorlage als auch in der dem Hause der Abgeordneten zugegangenen Vorlage des Herrenhauses. Es erscheint zum ersten Male in der dem Berichte der Kommission des Abgeordnetenhauses beigefügten Zusammenstellung der Kommissionsbeschlüsse. Wie der Kommissionsbericht ergibt, war aber die Nr. 3. des §. 3. unverändert in der Fassung des Herrenhausbeschlusses von der Kommission angenommen worden (AKB. S. 12); das Wort „hat" hinter „geweigert" war also in jene Zusammenstellung lediglich infolge eines Versehens aufgenommen. Dieses Versehen ist bei der zweiten und dritten Beratung im Abgeordnetenhause und bei der demnächstigen Schlußberatung im Herrenhause unentdeckt geblieben. —

Nach der Regierungsvorlage sollte der in der Flucht des Täters liegende erschwerende Umstand auch ohne die Voraussetzung eines „Anrufes seitens des Bestohlenen oder Forstaufsehers" als vorliegend angesehen werden, sofern der Täter „der Ergreifung sich durch die Flucht entzöge oder zu entziehen versuchte". Schon bei der Beratung des Gesetzentwurfs im Herrenhause wurde aber eine solche Bestimmung als zu weit gehend angesehen, und es wurde im Einverständnisse mit der Staatsregierung der erschwerende Umstand an die Voraussetzung geknüpft, daß der Täter unter Nichtachtung eines vom Bestohlenen oder Forstaufseher ausgehenden Zurufes die Flucht ergriffen oder fortgesetzt habe.

4. **wenn der Thäter in den Fällen der Nummern 1 bis 3 des § 1 zur Begehung des Forstdiebstahls sich eines schneidenden Werkzeuges, insbesondere der Säge, der Scheere oder des Messers bedient hat**[6];

---

6) Das HDG. 2. Juni 52 (§ 4. Nr. 4.) bezeichnete nur das Messer und die Säge als diejenigen Werkzeuge, deren Anwendung die erhöhte Strafe nach sich zieht. Damit wird aber der für die Strafschärfung maßgebende Grund nicht erschöpft. Dieser ruht in der Schwierigkeit der Entdeckung solcher Holzdiebstähle, welche mittels eines geräuschlos arbeitenden Werkzeuges ausgeführt werden. Den uralten Deutschen Sätzen „so einer heutt (haut) so rufft er" (Herrenbreitinger Petersgericht bei Grimm, Weisthümer III. 591.) und „mit der exe (Axt) stelt man nicht, id were denn, id gordelde enar einen bom, dat de exe keinen lud konde van sich geven" (Rechtsspruch aus Rügen, Grimm, Rechtsalterthümer S. 47.) entsprechend gelten die mittels der laut schallenden Axt verübten Holzdiebstähle weniger strafwürdig als die mittels leise arbeitender Werkzeuge verübten. Zu diesen Werkzeugen sind aber nicht nur das Messer und die Säge zu zählen, sondern mannigfache andere Schneidewerkzeuge, für die in den verschiedenen Gegenden verschiedene Bezeichnungen üblich sind. Alle diese Werkzeuge sollen durch den Ausdruck „schneidende Werkzeuge" umfaßt und den Hauwerkzeugen (Axt, Beil u. dergl.) gegenübergestellt sein. Die Säge, die Schere und das Messer sind als die hauptsächlich gebräuchlichen Schneidewerkzeuge nur beispielsweise hervorgehoben. So auch (KUrt. v. 16. Febr. 82. Joh. Bd. 3, S. 354.).

Nur bei dem Holzdiebstahl im engeren Sinne (§ 1. Nr. 1. 2. 3.), nicht auch bei dem Forstdiebstahl im Sinne des § 1. Nr. 4., kommt die Anwendung schneidender Werkzeuge als erschwerender Umstand in Betracht. Es bildet also keinen Unterschied in der Strafbarkeit, ob Gras gerupft oder mit der Sichel geschnitten, ob Pflänzlinge ausgezogen oder mit dem Messer abgeschnitten, ob Plaggen mit der Hacke abgehauen oder mit dem Spaten ausgestochen werden. Für die Walderzeugnisse des § 1. Nr. 4. ist — soweit es erforderlich — ein erhöhter Schutz durch die Strafbestimmungen in den Nummern 7. 8. 9. des § 4. gesichert.

5. wenn der Thäter die Ausantwortung der zum Forstdiebstahl bestimmten Werkzeuge verweigert[7]);

6. wenn zum Zwecke des Forstdiebstahls ein bespanntes Fuhrwerk, ein Kahn oder Lastthier mitgebracht ist[8]);

7. wenn der Gegenstand der Entwendung in Holzpflanzen[9]) besteht;

---

7) Dieser Strafschärfungsgrund bezweckt die Verhütung von Gewalttätigkeiten beim Zusammentreffen des Forstbeamten mit dem Forstdiebe. Schreitet der Forstbeamte (Waldeigentümer, Forstberechtigte 2c.) dazu, dem Forstdiebe die Werkzeuge abzunehmen, und leistet der Forstdieb durch Gewalt oder durch Bedrohung mit Gewalt jener Handlung des Forstbeamten (Waldeigentümers 2c.) Widerstand, dann findet der § 117. d. StrGB. Anwendung (Gefängnisstrafe von vierzehn Tagen bis zu drei Jahren, und wenn die Drohung mit gefährlichen Werkzeugen erfolgte, oder eine Gewalt an der Person des Forstberechtigten verübt wurde, Gefängnisstrafe von drei Monaten bis zu fünf Jahren). (Vgl. auch §§ 118. 119. daselbst). Derartiger Widerstand wird hier nicht vorausgesetzt; es genügt zur Anwendung der Strafbestimmung in Nr. 5 der bloße Ungehorsam gegen die Aufforderung des Forstbeamten (Waldeigentümers u. s. w.), die Werkzeuge abzugeben oder niederzulegen (HStB. S. 62. 63.).

Daß die Werkzeuge, deren Ausantwortung hier in Frage steht, vom Forstdiebe benutzt worden seien, ist nicht vorausgesetzt; es sollen alle Werkzeuge betroffen sein, die nach § 16. der Beschlagnahme unterliegen.
(HStB. S. 62. Spalte 1.)

8) Das Fuhrwerk (der Kahn, das Lasttier) muß „zum Zwecke des Forstdiebstahls mitgebracht“ sein; die erhöhte Strafe des § 3. tritt also nicht ein, wenn gelegentlich einer zu anderem Zwecke unternommenen Fahrt der Forstdiebstahl verübt wird. (HKB. S. 5.)

9) Unter „Holzpflanzen“ sind ebensowohl die aus natürlicher Besamung wild aufgeschossenen Baumpflanzen als die in den Saat- und Pflanzkämpen, sowie in den Freikulturen aufgezogenen zu verstehen; die aufgezogenen stehen überdies unter dem Schutze der Nr. 9.

8. wenn Kien, Harz, Saft, Wurzeln, Rinde oder die Haupt-(Mittel-)Triebe von stehenden Bäumen entwendet sind[10]);
9. wenn der Forstdiebstahl in einer Schonung, in einem Pflanzgarten oder Saatkampe begangen ist[11]).

§ 4.

Der Versuch des Forstdiebstahls[1]) und die Theilnahme

---

10) Die Entwendung der unter Nr. 8. aufgeführten Walderzeugnisse unterliegt der erhöhten Strafe des § 3. nur dann, wenn sie von stehenden Bäumen erfolgt, weil nur unter dieser Voraussetzung sie als eine für die Waldkultur mit besonderer Gefahr verbundene sich darstellt. (Vgl. Anm. 2. zum § 9.)

[Unter Kien sind die besonders harzreichen Holzteile der Kiefer verstanden, die hauptsächlich zum Feueranzünden, als Beleuchtungsmaterial, zur Teerschwelerei und Kienrußbrennerei verwendet werden.

Die Entwendungen von Baumsaft (namentlich Birkensaft und Ahornsaft) sowie die Entwendungen von Baumwurzeln haben in einzelnen Bezirken so überhand genommen, daß es geboten erschien, sie der erhöhten Strafe des § 3. zu unterstellen. Der Diebstahl an Wurzeln kommt besonders in Kiefernbeständen auf armem Boden mit weitausstreichendem flachliegenden Wurzelsystem vor und ist für das Gedeihen der Bestände in hohem Maße gefährlich. Aus den Wurzeln werden in einigen Gegenden Schwingen gefertigt.

Über den Unterschied zwischen Rinde im Sinne der Nr. 8. und Borke im Sinne des § 1. Nr. 3. siehe oben Anm. 8. zum § 1. Nr. 3.

Unter der Entwendung von Haupt- (Mittel-) Trieben haben hauptsächlich die jungen Kiefern- und Fichtenbestände zu leiden. Die Haupttriebe der Kiefern und Fichten pflegen zu Quirlen verwendet zu werden.]

Siehe übrigens Anm. 4 zum § 6. Nr. 2.

11) Entscheidend ist hier der Ort, wo gestohlen wird; der Gegenstand der Entwendung kommt nur insoweit in Betracht, als er ein Gegenstand des Forstdiebstahls im Sinne des § 1. sein muß.

1) Nach dem StrGB. ist nur der Versuch eines Ver-

(Mitthäterschaft, Anstiftung, Beihülfe) an einem Forst-

---

brechens oder Vergehens, nicht auch der Versuch einer Übertretung mit Strafe bedroht. Durch § 4. dieses Gesetzes ist der Versuch jedes Forstdiebstahls für strafbar erklärt, mag dieser Forstdiebstahl auch nur als eine Übertretung sich darstellen. Dagegen soll nicht jeder Versuch eines Forstdiebstahls durch die Vorschrift des § 4. getroffen werden, sondern nur derjenige, welcher nach allgemeinen strafrechtlichen Grundsätzen als strafbarer Versuch gilt. Diese allgemeinen Grundsätze sind, soweit sie für den Forstdiebstahl in Betracht kommen, enthalten in den §§ 43. Abs. 1. und 46. Nr. 1. des StrGB.

§ 43.

Wer den Entschluss, ein Verbrechen oder Vergehen (hier: einen Forstdiebstahl, auch wenn dieser nur als eine Übertretung sich darstellt) zu verüben, durch Handlungen, welche einen Anfang der Ausführung dieses Verbrechens oder Vergehens (hier des Forstdiebstahls) enthalten, bethätigt hat, ist, wenn das beabsichtigte Verbrechen oder Vergehen (hier: der beabsichtigte Forstdiebstahl) nicht zur Vollendung gekommen ist, wegen Versuches zu bestrafen.

— — — — — — — — — — — — — — — —

§ 46.

Der Versuch als solcher bleibt straflos, wenn der Thäter

1. Die Ausführung der beabsichtigten Handlung aufgegeben hat, ohne dass er an dieser Ausführung durch Umstände gehindert worden ist, welche von seinem Willen unabhängig waren.

— — — — — — — — — — — — — — — —

Voraussetzung für die Anwendung der im § 4. vorgeschriebenen Strafe (vgl. unten Anm. 4.) ist also

einerseits: eine den Anfang der Ausführung des Forstdiebstahls enthaltende Handlung, durch die der Entschluß zur Begehung des Forstdiebstahls betätigt ist;

[Als eine solche Handlung würde beispielsweise anzusehen sein: Der erste Axthieb in den Baum; das Ansetzen der Säge; das Anbohren des Baumes zum Zwecke der Saftentziehung; das Abkratzen des Mooses; das Zusammenrechen der Waldstreu; die Trennung des Holzes

diebstahl[2]) oder an einem Versuche desselben[3]), werden mit der vollen Strafe des Forstdiebstahls[4]) bestraft.

---

vom Stamm (KUrt. vom 27. Okt. 1881. Joh. Bd. 3 S. 351) usw.]

andererseits: Nichtvollendung infolge eines vom Willen des Täters unabhängigen Hindernisses.

[Beispielsweise würde strafbarer Versuch vorliegen, wenn der Täter an der Ausführung verhindert würde: durch Hinzukommen des Försters oder anderer Personen von denen er eine Anzeige besorgt, oder dadurch, daß das vom Täter mitgebrachte Lasttier entläuft, oder der Sturm den mitgebrachten Nachen (Kahn) entführt, oder dadurch, daß nach den ersten Hieben die Axt zerbricht usw. Dagegen würde strafloser Versuch vorliegen, wenn der Täter die zusammengerechte Streu liegen, den angehauenen Baum stehen ließe, lediglich deshalb, weil die Reue über sein Beginnen oder die Angst vor der Möglichkeit einer Entdeckung ihn von der Fortsetzung der Tat abhielt. Für den bis dahin verursachten Schaden würde er in solchem Falle nur zivilrechtlich verantwortlich sein.]

2) Nach dem StrGB. wird die Mittäterschaft und die Anstiftung bei jeder strafbaren Handlung, die Beihilfe aber nur bei Verbrechen und Vergehen, nicht auch bei Übertretungen bestraft. Nach § 4. dieses Gesetzes wird (ebenso wie die Mittäterschaft und die Anstiftung) auch die Beihilfe bei jedem Forstdiebstahl bestraft, ohne Unterschied, ob sie als Vergehen oder nur als Übertretung sich darstellt (KUrt. v. 15. Febr. 1886. Joh. Bd. 6, S. 271).

Darüber, was „Mittäterschaft", „Anstiftung", „Beihilfe" sei, trifft dieses Gesetz keine Bestimmung; es ist in dieser Beziehung auf die in den §§ 47. 48. 49. des StrGB. enthaltenen Vorschriften zurückzugeh[en].

§ 47.

Wenn Mehrere eine strafbare Handlung (hier: einen Forstdiebstahl) gemeinschaftlich ausführen, so wird Jeder als Thäter bestraft.

§ 48.

Als Anstifter wird bestraft, wer einen Anderen zu der von demselben begangenen strafbaren Handlung (hier: zu dem von demselben begangenen Forstdiebstahl) durch Geschenke oder Versprechen, durch Drohung, durch Missbrauch des Ansehens oder der Gewalt, durch absichtliche Herbeiführung oder Beförderung eines Irrthums oder durch andere Mittel vorsätzlich bestimmt hat.

§ 49.

Als Gehilfe wird bestraft, wer dem Thäter zur Begehung des Verbrechens oder Vergehens (hier: des Forstdiebstahls, auch wenn dieser nur als Übertretung sich darstellt) durch Rath oder That wissentlich Hilfe geleistet hat.

Die Mittäterschaft ist dadurch bedingt, daß mehrere den Forstdiebstahl „gemeinschaftlich ausführen". Sie setzt also voraus: ein gewolltes Zusammenwirken. Der Wille jedes einzelnen muß darauf gerichtet sein, daß der Forstdiebstahl durch die zusammenwirkende Tätigkeit aller ins Werk gesetzt werde. Wie die Gemeinschaft dieses Willens entstanden ist, ob sie namentlich in einer Verabredung oder in einem stillschweigenden Einverständnisse beruht, ist unerheblich.

[Wenn mehrere auf Grund von Verabredungen einen gemeinsamen Gang in den Wald unternehmen, um jeder für sich und unabhängig vom anderen Holz zu stehlen, so liegen verschiedene selbständige Forstdiebstähle vor. Mittäterschaft liegt nicht vor, denn es fehlt an einem Zusammenwirken zu gemeinsamer Tat; die Gemeinschaft umfaßt nur den Gang in den Wald, nicht auch die Entwendung des Holzes. Wohl aber liegt Mittäterschaft vor, wenn (auch ohne vorausgegangene Abrede) A. den B. trifft, während dieser dabei ist, in diebischer Absicht einen Baum zu fällen, und nun unaufgefordert dem B. beim Abhauen des Baumes Hilfe leistet.]

Die Anstiftung wird nur dann bestraft, wenn der Angestiftete den Forstdiebstahl verübt, oder (vgl. die folgende Anm. 3) zu verüben in strafbarer Weise versucht hat; die erfolglos unternommene Anstiftung ist straflos. Dagegen wird der Anstifter nicht dadurch straffrei, daß der Angestiftete wegen eines nur seine Person betreffenden Grundes von der Bestrafung ausgeschlossen ist. Ist beispielsweise ein Kind unter zwölf Jahren zu einem Forstdiebstahl angestiftet worden, so ist der Anstifter strafbar, obschon das Kind nach § 55. d. StrGB. der Strafverfolgung entzogen ist.

Die Anstiftung setzt ein angewendetes Mittel voraus, das auf den Entschluß des Angestifteten eingewirkt hat. Die im § 48 d. StrGB. aufgezählten Mittel haben nur die Bedeutung von Beispielen. Als Mittel der Anstiftung kann auch eine Abmahnung dienen. War diese nämlich darauf berechnet, daß sie in dem Angestifteten den Entschluß zur abgeratenen Tat hervorrufe, so liegt, wenn der berechnete Erfolg eingetreten ist, strafbare Anstiftung vor.

Beihilfe ist die dem Täter durch Rat [z. B.: Anleitung zu zweckmäßiger Benutzung von Schleichwegen; Mitteilung über die zum Forstdiebstahl ausersehene Örtlichkeit; Mitteilung über die zeitige Abwesenheit oder Krankheit des Forstbeamten] oder durch Tat [z. B. Wachehalten; Hergabe eines Transportmittels; Hergabe einer Axt] wissentlich [d. h. mit dem Bewußtsein der Unterstützung des Täters] geleistete Hilfe.

Nur die geleistete Beihilfe ist strafbar; der bloße Versuch einer Beihilfe ist nicht strafbar. [A. leiht dem B. eine Axt zum Zwecke des Forstdiebstahls; B. aber benutzt diese Axt demnächst nicht, sondern bedient sich einer Säge; oder A. leiht zum Zwecke des Forstdiebstahls dem B. ein Pferd, dieses entläuft dem B. und B. verübt den Forstdiebstahl ohne Benutzung eines Gespannes: in beiden Fällen liegt strafbare Beihilfe auf Seite des A. nicht vor.]

3) Die Strafbarkeit des Teilnehmers ist nicht durch die Vollendung des Forstdiebstahls bedingt; es genügt, daß der Forstdiebstahl, auf den sich die Teilnahmehandlung bezieht, in strafbarer Weise versucht ist.

4) Der Versuch wird bestraft mit der vollen Strafe des Forstdiebstahls, d. h.: „es bildet bei der Strafbemessung keinen Unterschied, ob der Forstdiebstahl nur bis zum Anfang der Ausführung oder bis zur vollen Ausführung gediehen ist." Maßgebend für die Strafe des vollendeten Forstdiebstahls ist (abgesehen von den Zusatzstrafen der §§ 6. u. 8.) der Wert des Entwendeten. Maßgebend für die Strafe des versuchten Forstdiebstahls ist der Wert des vom Täter in Aussicht genommenen Forstdiebstahlsgegenstandes. Dieser Gegenstand wird in vielen Fällen sich nicht genau bestimmen lassen. Zwar würde man von einem Forstdiebe, der einen Baum zu fällen im Begriffe ist, mit Sicherheit annehmen dürfen, daß er mindestens diesen

Baum; von einem anderen, der mit einem Sacke versehen Laubstreu zusammenscharrt, daß er diesen Sack mit Laubstreu; von einem dritten, der auf einen mitgebrachten Karren trockenes Holz ladet, daß er diesen Karren voll Holz habe stehlen wollen, und es würden der Wert jenes Baumes, der Wert eines Sackes voll Laubstreu, und der Wert eines Karrens voll trockenen Holzes den Maßstab für die Strafe bilden. Es können aber Fälle sich ereignen, in denen es an jedem Anhalt für die Berechnung dessen, was gestohlen werden sollte, fehlt; die Wertsermittelung ist dann unmöglich, und es muß in solchen Fällen bei der Mindeststrafe von Einer Mark (§ 2.) oder zwei Mark (§ 3.) bewenden.

Die Teilnahme wird bestraft mit der vollen Strafe des Forstdiebstahls. Die Vorschrift ist allgemein aufzufassen, nicht auf den einzelnen Fall zu beziehen. Sie verordnet, daß es für die Bestrafung des A. gleichbedeutend sein soll, ob er bei einem Forstdiebstahle als Täter oder als Teilnehmer mitgewirkt hat. Sie verordnet nicht, daß im vorliegenden Falle der Täter A. und der Teilnehmer B. stets mit gleicher Strafe bestraft werden sollen. In dieser Beziehung ist vielmehr der allgemeine Grundsatz maßgebend, daß von mehreren Beteiligten jeder nach dem Grade seiner Verschuldung verantwortlich zu machen ist, und daß die besonderen, in persönlichen Eigenschaften oder Verhältnissen begründeten Tatumstände, welche die Strafbarkeit erhöhen oder vermindern, nach § 50 d. StrGB. nur demjenigen Beteiligten zuzurechnen sind, bei welchem sie vorliegen (AStB. S. 1777).

[A. eröffnet dem B., daß er aus einem bestimmt bezeichneten Schlage einen Kieferstamm stehlen wolle, und bittet ihn um Hergabe eines Gespannes. B. gibt sein Gespann zu dem bezeichneten Zweck. A. holt nun aber die Kiefer nicht aus jenem Schlage, sondern aus einer Schonung. Es würde in diesem Falle A. nach § 3. Nr. 9. mit dem zehnfachen, B. nach § 2. mit dem fünffachen Werte der Kiefer zu bestrafen sein.

Ferner: B. schickt am Nachmittage den A. mit der Weisung aus, noch vor Sonnenuntergang Holz aus dem Walde zu holen. A. hält sich unterwegs auf und begeht den Forstdiebstahl erst nach Sonnenuntergang. Es wird B. nach § 1., A. dagegen nach § 3. zu strafen sein.

Ferner: A. stiehlt, während B. Wache hält, unter Benutzung einer von C. zum Zwecke des Forstdiebstahls herge-

§ 5.

Wer sich in Beziehung auf einen Forstdiebstahl der Begünstigung [1]) oder der Hehlerei schuldig [2]) macht,

---

gebenen Art. A. ist nicht vorbestraft, B. befindet sich im ersten, C. im dritten Rückfalle: dann würden A. nach § 1., B. nach § 7., C. nach § 8. zu strafen sein.]

1) Für die Bestimmung des Begriffs „Begünstigung" ist das StrGB. maßgebend, das verordnet:

§ 257.

Wer nach Begehung eines Verbrechens oder Vergehens (hier: eines Forstdiebstahls, auch wenn er nur als eine Übertretung sich darstellt) dem Thäter oder Theilnehmer wissentlich Beistand leistet, um denselben der Bestrafung zu entziehen oder um ihm die Vortheile des Verbrechens oder Vergehens (hier: des Forstdiebstahls) zu sichern, ist wegen Begünstigung — — — zu bestrafen.

— — — — — — — — — — — — — — — —

Die Begünstigung setzt allemal einen bereits begangenen Forstdiebstahl (oder Forstdiebstahlsversuch) voraus. Ein vor der Begehung geleisteter Beistand kann als Teilnahme, aber niemals als Begünstigung aufgefaßt werden.

Der Beistand muß wissentlich geleistet sein, d. h. der Begünstiger muß wissen, daß der andere sich durch Verübung eines Forstdiebstahls strafbar gemacht habe. Eine Kenntnis der näheren Umstände dieses Forstdiebstahls ist nicht erforderlich.

Der Zweck der Begünstigung kann gerichtet sein einmal darauf: den Täter (Teilnehmer) der Bestrafung zu entziehen, sodann darauf: ihm die Vorteile des Forstdiebstahls zu sichern.

Unter „Bestrafung" ist sowohl die Strafverhängung, als auch die Strafvollstreckung zu verstehen. Ein Beistandleisten, um den Täter der Bestrafung zu entziehen, liegt daher einerseits dann vor: wenn jemand zugunsten des Täters absichtlich dem gerichtlichen Verfahren Beweismittel entzieht [z. B. die von dem entflohenen unbekannten Täter am Orte der Tat zurückgelassene Mütze in Sicherheit bringt, so daß der Förster, der dem Täter nachgelaufen war, sie bei der Rückkehr zum Orte der Tat nicht vorfindet], andererseits dann, wenn jemand die Vollstreckung der verhängten Strafe von dem verurteilten Täter abzuwenden unternimmt [z. B. dadurch, daß er unter fälschlicher Annahme des Namens des Verurteilten sich zur Verbüßung der Freiheitsstrafe oder zur Ableistung der Forstarbeit gestellt].

Die Begünstigung zum Zwecke einer Sicherung der Vorteile des Forstdiebstahls setzt voraus, daß die Sicherung der Vorteile lediglich berechnet ist für den Begünstigten, nicht auch für den Begünstiger. Wenn das eigene Interesse des Begünstigers dabei mit in Betracht kommt, so liegt der Tatbestand einer Hehlerei vor. [Vgl. die folgende Anm. 2.]

Daß der mit der Beistandleistung verfolgte Zweck (Abwendung der Bestrafung oder Sicherung der Vorteile) wirklich erreicht worden sei, ist nicht eine Voraussetzung für die Strafbarkeit der Begünstigung; erforderlich ist nur, daß etwas getan ist, was nach Lage der Verhältnisse zur Erreichung jenes Zweckes an sich oder unter Hinzutritt anderer Umstände geeignet war. [Wenn jemand den fliehenden Forstdieb in seinem Hause verbirgt und dem nachfolgenden Forstbeamten gegenüber die Anwesenheit des Flüchtlings ableugnet, so ist er wegen Begünstigung auch dann zu strafen, wenn der Forstbeamte den Flüchtling in seinem Versteck auffindet.]

Die Bestrafung des Begünstigers ist nicht durch die Ermittlung und Bestrafung des Begünstigten bedingt. (OErk. 12. Mai 69. ORO. X. 313.)

[In dem vorangestellten Falle würde der Begünstiger auch dann zu bestrafen sein, wenn der Forstbeamte den Versteck des Forstdiebes nicht aufgefunden und auch sonst den Entflohenen seiner Person nach nicht ermittelt, wohl aber gesehen hätte, wie der Begünstiger angesichts des nacheilenden Forstbeamten dem Flüchtlinge, dessen Anwesenheit er demnächst leugnete, die Haustüre öffnete.]

Der Begünstiger wird auch dadurch nicht straffrei, daß der Begünstigte aus Gründen, die nur seine Person betreffen [z. B. weil zu seinen Gunsten die Verjährung Platz greift, oder weil er noch nicht das zwölfte Lebensjahr vollendet hat], straflos ausgeht.

2) Auch für die Bestimmung des Begriffs „Hehlerei“ ist das StrGB. maßgebend, das vorschreibt:

§ 258.

Wer seines Vortheils wegen sich einer Begünstigung schuldig macht, wird als Hehler bestraft, wenn der Begünstigte

wird mit einer Geldstrafe bestraft, welche dem fünffachen Werthe des Entwendeten gleichkommt und niemals unter Einer Mark betragen darf[3]).

---

1. einen einfachen Diebstahl (hier: einen Forstdiebstahl) begangen hat, — — — —

§ 259.

Wer seines Vortheils wegen Sachen, von denen er weiss oder den Umständen nach annehmen muss, dass sie mittels einer strafbaren Handlung (hier: mittels eines Forstdiebstahls) erlangt sind, verheimlicht, ankauft, zum Pfande nimmt oder sonst an sich bringt oder zu deren Absatze bei Anderen mitwirkt, wird als Hehler — — — bestraft.

Die erste Art der Hehlerei ist eine „des eigenen Vorteils wegen" begangene Begünstigung, von der alles unter der vorhergehenden Anm. 1. Gesagte gilt.

Die zweite Art der Hehlerei (auch „Partiererei" genannt) beruht auf folgenden Voraussetzungen:

Gegenstand der Hehlerei kann nur sein eine „mittels eines Forstdiebstahls erlangte" Sache. Diese Erlangung muß tatsächlich feststehen; ein irriges Dafürhalten reicht nicht aus. Der Hehler muß wissen, daß die Sache durch einen Forstdiebstahl erlangt ist. Als „wissend" wird er aber schon dann angesehen, wenn Umstände vorliegen, die die diebische Erlangung erkennen ließen.

Die „Wissenschaft" muß zur Zeit des Ankaufens, Verheimlichens ꝛc." vorhanden sein. Wer die Sache in gutem Glauben angekauft hat, wird dadurch, daß er später sie als gestohlene Sache erkennt, nicht zum Hehler.

Das „An-sich-Bringen" (Ankaufen, Verheimlichen ꝛc.) muß des eigenen Vorteils wegen erfolgen. Wer das gestohlene Holz verheimlicht, um es für den Forstdieb in Sicherheit zu bringen, ist nicht Hehler, sondern Begünstiger.

Für die Bestrafung sowohl der ersten als der zweiten Art von Hehlerei ist es bedeutungslos, ob der Forstdieb eine Strafe verwirkt hat. Auch dann, wenn der Forstdieb (z. B. wegen jugendlichen Alters oder wegen eingetretener Verjährung) straflos ausgeht, bleibt der Hehler strafbar.

3) Die Strafe der Begünstigung und der Hehlerei übersteigt den fünffachen Wert (mindestens eine Mark) auch

Die Bestimmungen des § 257. Abs. 2. und 3. des Strafgesetzbuchs finden Anwendung[4]).

---

dann nicht, wenn der Haupttäter nach den §§ 3. oder 6. strafbar ist. (Siehe jedoch die nachfolgende Anm. 4.) Maßgebend für die Strafe ist nicht etwa der Wert des Gehehlten, sondern der Wert des Entwendeten, freilich nur in dem Maße, als der Hehler Kenntnis von der Entwendung hatte (AStB. S. 1778, 1779, 1830.).

4) Die in Bezug genommenen Bestimmungen des StrGB. lauten:

§ 257. Abs. 2.

Die Begünstigung ist straflos, wenn dieselbe dem Thäter von einem Angehörigen gewährt worden ist, um ihn der Bestrafung zu entziehen.

§ 257. Abs. 3.

Die Begünstigung ist als Beihilfe zu bestrafen, wenn sie vor Begehung der That zugesagt worden ist. Diese Bestimmung leidet auch auf Angehörige Anwendung.

Unter „Angehörigen" sind zu verstehen: Verwandte und Verschwägerte auf- und absteigender Linie, Adoptiv- und Pflege-Eltern und Kinder, Ehegatten, Geschwister und deren Ehegatten und Verlobte. (Vgl. § 52. Abs. 2. d. StrGB.)

Die auf eine Sicherung der Vorteile des Forstdiebstahls berechnete Begünstigung ist auch dann strafbar, wenn sie von einem „Angehörigen" des Täters gewährt worden ist.

Nur die von einem „Angehörigen" gewährte, auf die Abwendung der Bestrafung des Täters berechnete Begünstigung steht unter dem Schutze des § 257. Abs. 2. d. StrGB. Auch für diese fällt aber der Schutz fort:

wenn sie zwischen dem Begünstiger und dem Begünstigten vorher verabredet war [in diesem Falle findet die Strafe der Beihilfe Anwendung. § 257. Abs. 3. d. StrGB.].

desgleichen, wenn der Begünstiger sie des eigenen Vorteils wegen gewährte [in diesem Falle trägt sie den Charakter der Hehlerei, und es greifen die Grundsätze über die Bestrafung der Hehlerei Platz. § 258. Abs. 3. d. StrGB.].

Die ohne vorausgegangene Abrede gewährte Begünstigung unterliegt ohne Rücksicht auf die für die Haupttat angedrohte Strafe immer nur einer dem fünffachen Werte des Entwendeten gleichkommenden Strafe. (Siehe die vorher-

§ 6.

Neben der Geldstrafe[1]) kann[2]) auf Gefängnißstrafe bis zu sechs Monaten erkannt werden:

1. wenn der Forstdiebstahl von drei oder mehr Personen in gemeinschaftlicher Ausführung begangen ist[3]);

---

gehende Anm. 3.) Die auf Grund einer Abrede gewährte Begünstigung dagegen wird als Beihilfe, d. h. „nach § 4. mit der vollen Strafe des Forstdiebstahls" bestraft.

[Bezieht sich die Begünstigung auf einen nach § 2. strafbaren Forstdiebstahl, so wird sie, ob verabredet oder nicht verabredet, mit dem fünffachen Werte; bezieht sie sich aber auf einen nach § 3. oder nach § 6. strafbaren Forstdiebstahl, so wird sie, wenn verabredet: mit dem zehnfachen Werte, vorkommendenfalls mit der zusätzlichen Gefängnisstrafe, wenn nicht verabredet: nur mit dem fünffachen Werte zu bestrafen sein.]

1) Unter der Geldstrafe, neben der die hier vorgesehene zusätzliche Gefängnisstrafe in Betracht kommt, ist sowohl die Strafe der §§ 2. 3. 4. 5. als diejenige des § 7. verstanden. Im Falle eines Zusammentreffens von § 6. und § 8. greift nach Maßgabe des § 63. d. StrGB. dahin lautend:

> Wenn eine und dieselbe Handlung mehrere Strafgesetze verletzt, so kommt nur dasjenige Gesetz, welches die schwerste Strafe, und bei ungleichen Strafarten dasjenige Gesetz, welches die schwerste Strafe androht, zur Anwendung.

die Strafvorschrift des § 8. Platz. Haben mehrere Personen gemeinsam dem § 6. zuwidergehandelt, von denen nur eine oder einzelne im dritten Rückfalle sich befinden, so greift nur in betreff dieser einen oder einzelnen die Vorschrift des § 8. Platz.

2) Es „kann" neben der Geldstrafe auf Gefängnisstrafe erkannt werden; dem Richter ist also freies Ermessen gelassen; er kann von der Zusatzstrafe auch ganz absehen. Ohne Rücksicht darauf, ob die Zusatzstrafe verhängt wird oder nicht, stellt die hier vorgesehene Zuwiderhandlung sich nach § 1. StrGB. als Vergehen dar, weil sie mit Gefängnis bedroht ist. (KUrt. v. 7. April 81. Joh. Bd. 2. S. 207.)

3) Die Fassung des HDG. 2. Juni 52. § 9. Nr. 1. „wenn drei oder mehrere Personen mit einander Holzdiebstahl verübt haben" gab der Auslegung Raum, daß auch die bloß äußerliche Gemeinschaft der Handlungen mehrerer Personen den hier fraglichen Tatbestand erfülle. Um diese Aus-

2. wenn der Forstdiebstahl zum Zwecke der Veräußerung des Entwendeten oder daraus hergestellter Gegenstände[4]) begangen ist;

3. wenn die Hehlerei gewerbs- oder gewohnheitsmäßig betrieben worden ist[5]).

---

legung auszuschließen, ist unter Anlehnung an die Ausdrucksweise des § 47 d. StrGB. die Fassung gewählt worden: „von drei oder mehreren Personen in gemeinschaftlicher Ausführung begangen ist". Es soll damit ausgedrückt sein, daß eine „Mittäterschaft" im Sinne des § 47 d. StrGB. vorliegen müsse. (Vgl. Anm. 2. zum § 4.)

4) Die Vorschrift ist nicht auf den bezweckten Verkauf beschränkt, sondern greift auch Platz, wenn irgend eine andere Veräußerungsart (Tausch, Hingabe an Zahlungsstatt 2c.) bezweckt war; sodann ist sie nicht beschränkt auf eine bezweckte Veräußerung des entwendeten Gegenstandes, sondern greift auch Platz, wenn in erster Linie die Verarbeitung des entwendeten Gegenstandes und erst in zweiter Linie die Veräußerung der hergestellten Ware in Aussicht genommen war.

Die meisten der im § 3. Nr. 7. aufgeführten Forstdiebstähle werden zugleich unter die Vorschrift des § 6. Nr. 2. fallen. Kien wird gestohlen, um auf den Wochenmärkten, Harz und Baumsaft, um in den Apotheken zum Verkauf ausgeboten zu werden. Wurzeln und Rinde werden hauptsächlich von Leuten, die sich mit dem Anfertigen von Schwingen, Körben und Kisten beschäftigen, Birkentriebe von Besenbindern, Kieferntriebe von Quirlfabrikanten gestohlen. Auch die Entwendung von Weidenruten zur Korbflechterei und von Bandstöcken ist hierher zu rechnen. Bei den Anzeigen der Forstbeamten wird diese Strafbestimmung zu wenig beachtet. Der Nachweis des von dem Forstdiebe verfolgten Zweckes ist durchaus nicht so schwer zu führen, als dies von mancher Seite vorausgesetzt wird. Wenn beispielsweise jemand der Entwendung von Birkentrieben überführt ist, so wird der Richter gewiß kein Bedenken tragen, ihn aus § 6. zu strafen, sofern der Nachweis erbracht wird, daß der Überführte Besen anzufertigen und zu verkaufen pflegt.

5) Diese Bestimmung greift Platz bei beiden Arten der Hehlerei (Begünstigung des eigenen Vorteils wegen und Partiererei, vgl. Anm. 2. zum § 5.) und entspricht in Beziehung

§ 7.

Wer, nachdem er wegen Forstdiebstahls oder Versuchs eines solchen, oder wegen Theilnahme (§ 4.), Begünstigung oder Hehlerei in Beziehung auf einen Forstdiebstahl[1]) von einem Preußischen Gerichte rechtskräftig verurtheilt worden ist, innerhalb der nächsten zwei Jahre[2])

---

auf die Begriffe „gewohnheitsmäßig" und „gewerbsmäßig" dem § 260. d. StrGB.

Bei der gewohnheitsmäßigen Hehlerei ist charakteristisch die aus einem Hange zur Hehlerei hervorgegangene mehrmalige Verübung; bei der gewerbsmäßigen ist charakteristisch die vorwaltende Absicht, einen Erwerb zu erzielen. Weder bei der einen noch bei der anderen Art der Hehlerei ist eine vorhergegangene Bestrafung wegen Hehlerei als Vorbedingung anzusehen. Der Nachweis der Gewohnheitsmäßigkeit kann auch aus solchen vorhergegangenen Fällen geführt werden, die nicht Gegenstand einer früheren Untersuchung gewesen sind. Als gewerbsmäßig kann sogar die erste hehlerische Einzelhandlung angesehen werden, sofern sie zum Zwecke des Erwerbes und mit der Absicht einer Fortsetzung dieser Erwerbstätigkeit vorgenommen wurde. (OErk. 17. September 75. ORO. XVI. 585. und OErk. 5. Oktober 72. ORO. XIII. 507. RUrt. v. 29. September 1885. URStr. Bd. 12, S. 388.)

1) Es macht also in Beziehung auf den Rückfall keinen Unterschied, ob die Tat in dem früheren oder in dem späteren Falle oder in beiden Fällen als vollendeter oder versuchter Forstdiebstahl, oder als Teilnahme, Begünstigung oder Hehlerei sich darstellt. Dagegen muß in dem früheren wie in dem späteren Falle eine eigene Straftat vorliegen; die bloße Haftpflicht im Sinne der §§ 11. 12. kommt nicht in Betracht; ebensowenig kommt zur Anrechnung ein Einziehungsverfahren im Sinne des § 17.

2) Vorbedingung des Rückfalls ist, daß die neue Tat innerhalb zweier Jahre seit einer durch einen Preußischen Gerichtshof erfolgten rechtskräftigen Verurteilung begangen ist. (RUrt. 30. Mai 81 Joh. Bd. 2. S. 278.)

Also nicht auf die vorausgegangene Bestrafung, sondern auf die vorausgegangene rechtskräftige Verurteilung kommt es an.

Als Verurteilung auf Grund des gegenwärtigen Gesetzes ist ebensowohl der Erlaß eines Strafbefehls wie der Erlaß eines Urteils anzusehen.

Über den Zeitpunkt der Rechtskraft einer auf Grund des gegenwärtigen Gesetzes ergangenen Verurteilung siehe die Anm. 1. zum § 33.

Zur Herbeiführung einer Kontrolle der rückfälligen Forstdiebe waren zunächst alphabetische Verzeichnisse eingeführt, deren Führung durch Art. 121 der Geschäftsanweisung für die Amtsanwälte v. 28. August 1879 (JMBl. S. 260 ff.) den Amtsanwälten übertragen war. Diese Maßnahme erwies sich da, wo die verwaltenden Forstbeamten nicht zugleich Amtsanwälte waren, als unzureichend, und es wurden deshalb mittels Verf. des Just.-Min. v. 7. April 1880 die Amtsanwälte angewiesen:

„sobald sämtliche im Gesamtverzeichnisse (Allgem. Verf. v. 29. Juli 1879 JMBl. S. 221) (vgl. diese unten in Anm. 4 zu § 26 Seite 74) enthaltene Straffälle durch Strafbefehl oder Urteil erledigt sind, ihr vollständig ausgefülltes Exemplar des Verzeichnisses den verwaltenden Forstrevierbeamten zur Kenntnisnahme zuzusenden und einige Zeit zu belassen“.

Weiter erging dann die noch gegenwärtig maßgebende, im JMBl. S. 182 abgedruckte Allgem. Verfügung des Just.-Min. v. 12. Sept. 1881 dahin lautend:

Um prüfen zu können, ob die in den Forstdiebstahlsverzeichnissen aufgeführten Beschuldigten sich im Rückfalle befinden, ist den Amtsanwälten durch Art. 121. der Geschäftsanweisung v. 28. August 1879 (JMBl. S. 261) die Verpflichtung auferlegt, eine alphabetische Liste der wegen Zuwiderhandlungen gegen das Forstdiebstahlsgesetz bestraften Personen zu führen. Durch die in meiner Circularverfügung v. 7. April 1880 getroffenen Anordnungen wurde beabsichtigt, diese Liste entbehrlich zu machen und dagegen die Forstbeamten in den Stand zu setzen, die Vorbestrafungen genau und vollständig in die Forstdiebstahlsverzeichnisse aufzunehmen. Da diese Massnahmen nach den inzwischen gemachten Erfahrungen sich bewährt haben, so werden im Einverständnis mit dem Herrn Minister für Landwirtschaft, Domänen und Forsten die nachstehenden weiteren Anordnungen getroffen:

1. Der Art. 121 der Geschäftsanweisung für die Amtsanwälte vom 28. August 1879 (JMBl. S. 261) wird aufgehoben.

2. Die Nr. 1. Abs. 2. und die Nr. 7. Abs. 3. der allgem. Vfg. vom 29. Juli 1879, betreffend die Aufstellung und Einreichung der Forstdiebstahlsverzeichnisse (JMBl. S. 221) wird dahin abgeändert, dass die Spalte 4 des Verzeichnisses zu Eintragungen des Amtsanwalts nur für diejenigen besonderen Fälle zu dienen hat, in welchen eine Unrichtigkeit oder Unvollständigkeit wahrgenommen wird.

3. Durch die Circularverfügung vom 7. April 1880 sind die Amtsanwälte angewiesen, sobald sämtliche in einem Forstdiebstahlsverzeichnisse enthaltenen Straffälle durch Strafbefehl oder Urteil erledigt sind, ihr vollständig ausgefülltes Exemplar des Verzeichnisses den verwaltenden Forstrevierbeamten zur Kenntnisnahme zuzusenden und denselben einige Zeit zu belassen. Diese Vorschrift wird dahin ergänzt, dass vor der Zusendung in der Spalte „Bemerkungen" des Verzeichnisses auch der Tag der Rechtskraft des Strafbefehls oder Urteils angegeben wird.

Endlich erging noch die Allgem. Verf. des Just.-Min. v. 15. Okt. 1889.

Durch die Circularverfügung v. 7. April 1880 ist angeordnet, dass die Amtsanwälte von dem Ausfall der Untersuchung in Forstdiebstahlssachen den verwaltenden Forstbeamten durch Zusendung ihres vollständig ausgefüllten Exemplars des Forstdiebstahlsverzeichnisses (Allgem. Verf. v. 29. Juli 1879) Mitteilung zu machen haben. Durch die Allgem. Verf. v. 12. Sept. 1881 ist ferner vorgeschrieben, dass vor der Zusendung in der Spalte „Bemerkungen" des Verzeichnisses auch der Tag der Rechtskraft des Strafbefehls oder Urteils angegeben werden soll.

Um einem mehrfach hervorgetretenen Bedürfniss abzuhelfen bestimme ich, dass die vorbezeichneten Mitteilungen Seitens der Amtsanwälte und Forstamtsanwälte auch an die verwaltenden Forstbeamten grösserer Privatforsten zu machen sind, sofern in den letzteren eine der staatlichen Forstverwaltung ähnliche geregelte Verwaltung eingeführt ist und die in denselben vorkommenden Straffälle in Gemässheit der abermals eine dieser Handlungen begeht[3]), befindet sich

angeführten Allgem. Verf. v. 29. Juli 1879 durch regelmässige Einreichung von Verzeichnissen zur Anzeige gebracht werden. Diese Verzeichnisse sind von den bezeichneten Privatforstverwaltungen künftig statt in 2 in 3 Exemplaren einzureichen, von denen das dritte dazu bestimmt ist, nach erfolgter Ausfüllung dem Forstverwalter mit der Nachricht über den Ausfall der Sache zurückgegeben zu werden. Wenn diese Bedingung nicht erfüllt wird, so findet die Benachrichtigung nicht statt.

Vgl. übrigens auch noch nachstehende Allgem. Verf. des Just.-Min. v. 24. Sept. 1883 (JMBl. S. 304).

Es sind Zweifel darüber entstanden, inwieweit die Vorschriften über die von den Beamten der Staatsanwaltschaft an andere Behörden zu machenden Mitteilungen auch in Forstdiebstahlssachen zur Anwendung zu bringen seien. Ich finde mich deshalb veranlasst zu bestimmen, dass in Forstdiebstahlssachen, ohne Rücksicht auf die im Einzelfalle eintretende Strafe, hinsichtlich der gedachten Mitteilungen die für Uebertretungssachen massgebenden Vorschriften zu befolgen sind. Nur in den Fällen der §§ 6 u. 8 des Forstdiebst.-Gesetzes v. 15. April 1878 ist nach den für Vergehenssachen gegebenen Vorschriften zu verfahren.

Unberührt bleiben:

a) Die Bestimmung unter 8 der Ausführungsverfügung v. 12. Juli 1882 zu der vom Bundesrat beschlossenen Verordnung betr. die Einrichtung von Strafregistern und die wechselseitige Mitteilung der Strafurteile; (jetzt Verordnung v. 9. Juli 1896 u. Ausführungsverf. v. 7. Sept. 1896 (JMBl. S. 200).

b) Die Bestimmungen betr. die Kontrolle der Rückfälle bei Zuwiderhandlungen gegen das Forstdiebstahlsgesetz (Allgem. Verf. v. 12. Sept. 1881).

3) Ohne Bedeutung für die Frage des Rückfalles ist die Art des Gegenstandes der Entwendung in dem früheren oder in dem späteren Falle, sofern nur dieser Gegenstand überhaupt ein Gegenstand des Forstdiebstahls ist. Nach

im Rückfalle und wird mit Geldstrafe bestraft, welche dem zehnfachen Werte des Entwendeten gleichkommt und niemals unter zwei Mark betragen darf[4]).

§ 8*).

Neben der Geldstrafe[1]) ist[2]) auf Gefängnißstrafe bis

---

dem HDG. 2. Juni 52 begründete dagegen ein Diebstahl an Holz oder Harz keinen Rückfall, wenn die vorausgegangene Verurteilung wegen eines Diebstahls an anderen Walderzeugnissen oder an Raff- und Leseholz erfolgt war, und umgekehrt bildete ein Diebstahl an Raff- und Leseholz oder anderen Walderzeugnissen, die nicht Holz oder Harz sind, keinen Rückfall, wenn die vorausgegangene Verurteilung auf einen Diebstahl an Holz oder Harz sich bezog.

4) Die hier vorgesehene Strafe (zehnfacher Wert und mindestens zwei Mark) gilt dem ersten und dem zweiten Rückfalle; der dritte und fernere Rückfall wird nach § 8 bestraft.

*) Vgl. HDG. 2. Juni 52. § 16. Danach war der Holzdiebstahl im dritten oder ferneren Rückfalle als gemeiner Diebstahl aufgefaßt, und sollte unter die Strafe des gemeinen Diebstahls fallen, mit der Einschränkung jedoch, daß die Gefängnisstrafe nicht zwei Jahre übersteigen durfte, und daß die Bestrafung wegen eines solchen Holzdiebstahls nicht in Betracht kam, wo es sich um die Feststellung eines Diebstahls-Rückfalles handelt. Vor Erlaß des Reichsstrafgesetzbuchs war das Mindest-Maß der Gefängnisstrafe ein Monat (bei dem Vorhandensein mildernder Umstände eine Woche. § 216. des Preußischen Strafgesetzbuchs). Seit Erlaß des Reichsstrafgesetzbuchs ist das Mindest-Maß der Gefängnisstrafe auf einen Tag herabgesunken. (§ 242. StrGB. und § 3. des Einführungsges. dazu.)

Das gegenwärtige Gesetz legt dem Forstdiebstahl auch dann, wenn er im dritten oder ferneren Rückfalle begangen ist, nicht den Charakter des gemeinen Diebstahls bei. Es stellt deshalb selbstständig die Strafe fest, ohne auf die Strafe des gemeinen Diebstahls zurückzugreifen. In Verfolg dieser Auffassung ist einerseits die Strafe des Ehrverlustes im Hinblick auf § 5. des Einführungsgesetzes zum StrGB. in Wegfall gekommen, andererseits die angedrohte Gefängnisstrafe als eine Zusatzstrafe zu der Geldstrafe (als der ordentlichen Forstdiebstahlsstrafe) hingestellt. Die

zu zwei Jahren zu erkennen, wenn der Thäter sich im dritten oder ferneren Rückfalle[3]) befindet. Beträgt die Geldstrafe weniger als zehn Mark, so kann statt der Gefängnißstrafe auf eine Zusatzstrafe bis zu Einhundert Mark erkannt werden[4]).

Begrenzung dieser Gefängnisstrafe ist dieselbe geblieben (ein Tag bis zu zwei Jahren).

1) Die hier in Betracht kommende Geldstrafe kann immer nur diejenige des § 7. sein (also zehnfacher Wert und mindestens zwei Mark).

2) Die Zusatzstrafe ist zwingend angedroht; der Richter muß also außer der ordentlichen Geldstrafe noch eine Zusatzstrafe verhängen; und zwar, je nach den Umständen, die Zusatzstrafe des Abs. 1. oder diejenige des Abs. 2. — (Vgl. die nachfolgende Anm. 4.)

3) Die Vorbedingungen des Rückfalles sind hier dieselben wie im § 7. Es gilt daher das in den Anm. 1. 2. 3. zum § 7. Gesagte auch hier.

Es bleibt nur hinzuzufügen, daß das gegenwärtige Gesetz wie im § 6 so auch hier von jeder Rücksicht auf den Gegenstand des Forstdiebstahls absieht.

Zur Feststellung des Forstdiebstahls im dritten Rückfalle ist nur entscheidend, daß die abzuurteilende Tat innerhalb eines Zeitraumes von 2 Jahren seit der letzten Verurteilung liegt; wann die früheren Vorstrafen ergangen sind ist in dieser Beziehung völlig gleichgültig. (KUrt. v. 27. Apr. 1896. Joh. Bd. 18, S. 297.)

4) Die Vorschrift im Abs. 2 gewährt die Möglichkeit einer milderen Bestrafung für den Fall, daß der Wert des Entwendeten nicht den Betrag von einer Mark erreicht (nur unter dieser Voraussetzung nämlich beträgt die zu erkennende ordentliche Geldstrafe weniger als zehn Mark). In einem solchen Falle also soll der Richter die Wahl haben zwischen der Zusatzstrafe von einem Tage bis zu zwei Jahren Gefängnis (Abs. 1) und der Zusatzstrafe von drei Mark bis zu Einhundert Mark (Abs. 2). Von einer dieser Zusatzstrafen aber muß der Richter Gebrauch machen, denn durch das „kann" im Abs. 2 ist eben nur die Wahl der Geldstrafe statt der Gefängnisstrafe in das Ermessen des Richters gestellt. Daß überhaupt eine Zusatzstrafe neben der ordentlichen Geldstrafe verhängt werden muß, bleibt durch das „ist" im Abs. 1. auch für die Fälle des Abs. 2. entschieden.

§ 9.

In allen Fällen[1]) ist neben der Strafe die Verpflichtung des Schuldigen zum Ersatze des Werthes des Entwendeten an den Bestohlenen auszusprechen. Der Ersatz des außer dem Werthe des Entwendeten verursachten Schadens[2]) kann nur im Wege des Civilprocesses geltend gemacht werden.

Der Mindestbetrag der im Abs. 2. vorgesehenen zusätzlichen Geldstrafe ist, da alle Zuwiderhandlungen gegen den § 8. sich als Vergehen darstellen, Drei Mark. (StrGB. § 27.)

1) In „allen" Fällen, also auch in den Fällen der §§ 6. u. 8. und ohne Unterschied, ob die Strafe durch richterlichen Strafbefehl oder Urteil ausgesprochen wird.

Die Verpflichtung zum Werterſatz ist auch dann auszusprechen, wenn der entwendete Gegenstand ganz oder teilweise dem Eigentümer verblieben oder wieder in seinen Besitz gelangt ist; (OErk. 17. Februar 54; 31. Mai 61; 9. Dezbr. 68; 24. Februar 69. GA. II 417; IX. 561; XVII. 206. u. 285; RUrt. 24. April 85. URStr. Bd. 12, S. 158 u. JMBl. 1886, S. 5); desgleichen, wenn nicht vollendeter, sondern bloß versuchter Forstdiebstahl vorliegt. (KUrt. v. 27. Oktober 81. u. 16. Februar 82. Joh. Bd. 3, S. 351 u. 354.)

Mehrere Mitschuldige sind alle zusammen nur zum einmaligen Ersatz des Wertes zu verurteilen, aber als Gesamtschuldner (KUrt. v. 17. November 84. Joh. Bd. 5, S. 331. Vgl. auch § 11. Anm. 4.).

2) Der Wertsersatz ist nicht als Nebenstrafe anzusehen, sondern als auf den Wert des Entwendeten beschränkter Schadensersatz, dessen alsbaldige Festsetzung dem Strafrichter nur im Interesse des Beschädigten übertragen ist; der außer dem Werte des Entwendeten verursachte Schaden dagegen, der namentlich in den Fällen der Nummern 7. 8. u. 9. des § 3. über den Wert des Entwendeten weit hinaus reichen kann, läßt sich nur in einem, die Verhältnisse des gerade vorliegenden Falles berücksichtigenden Verfahren, nicht aber auf der Grundlage einer die durchschnittlichen Verhältnisse im Auge haltenden Taxe feststellen; deshalb muß seine Geltendmachung dem Civilprozeß vorbehalten bleiben. (Vgl. KUrt. v. 17. Novemb. 1884. Joh. Bd. 5, S. 331.)

Der Werth des Entwendeten wird sowohl hinsichtlich der Geldstrafe als hinsichtlich des Ersatzes, wenn die Entwendung in einem Königlichen Forste verübt worden, nach der für das betreffende Forstrevier bestehenden Forsttaxe, in anderen Fällen nach den örtlichen Preisen abgeschätzt[3]).

§ 10.

Die in § 57 des Strafgesetzbuches bei der Verurtheilung[1]) von Personen, welche zur Zeit der Begehung der That das zwölfte, aber nicht das achtzehnte Lebens-

---

3) Die Abschätzungen werden, was die Forsttaxen anlangt, durch den zuständigen Forstbeamten, was die örtlichen Preise anlangt, durch die zuständige Ortsbehörde in dem der Klage des Amtsanwalts nach § 27. zu Grunde zu legenden Verzeichnisse zu bescheinigen sein. Die Abschätzung von Walderzeugnissen, die in den „Forsttaxen" nicht aufgeführt sind, muß den örtlichen Verhältnissen entsprechend vorgenommen werden. —

1) Wegen der Personen im Alter von zwölf bis achtzehn Jahren, die wegen Mangels der zur Erkenntnis ihrer Strafbarkeit erforderlichen Einsicht nach § 56. d. StrGB. freigesprochen werden, sowie wegen der durch § 55. d. StrGB. von strafrechtlicher Verfolgung ausgeschlossenen Personen im Alter unter zwölf Jahren siehe die Anm. 1. u. 2. zum § 12. Hier sind nur solche jugendliche Personen in Frage, die einerseits zur Zeit der Tat das zwölfte aber nicht das achtzehnte Lebensjahr vollendet hatten, andererseits der Bestrafung unterliegen, weil festgestellt ist, daß sie bei Begehung der Tat die zur Erkenntnis ihrer Strafbarkeit erforderliche Einsicht besessen haben. Dergleichen jugendliche Personen sollen nach § 57. d. StrGB. nicht mit der vollen gesetzlichen Strafe belegt werden, vielmehr sollen ihnen Strafermäßigungen zugute kommen, die je nach dem strafrechtlichen Charakter der begangenen Handlung verschieden festgesetzt sind. Im besonderen ist bestimmt:

StrGB. § 57. Nr. 4.:

ist die Handlung ein Vergehen oder eine Übertretung, so kann in besonders leichten Fällen auf Verweis erkannt werden.

jahr vollendet hatten, vorgesehene Strafermäßigung findet bei Zuwiderhandlungen gegen dieses Gesetz keine Anwendung.

§ 11.

Für die Geldstrafe, den Werthersatz und die Kosten, zu denen Personen verurtheilt worden [1]), welche unter der Gewalt, der Aufsicht oder im Dienst eines anderen stehen und zu dessen Hausgenossenschaft gehören [2]), ist letzterer im

---

Diese Strafe des Verweises auszuschließen, ist der Zweck der Vorschrift des § 10. Es sollen also Personen, die im Alter zwischen zwölf und achtzehn Jahren gegen das FDG. gehandelt haben, sofern der Richter sie überhaupt als strafbar befunden hat, mit der vollen gesetzlichen Strafe bestraft werden.

1) Der § 11. regelt die Haftbarkeit der hier aufgeführten Personen für den Fall der Verurteilung des Hauptschuldigen, während der § 12. die Haftbarkeit für den Fall der Freisprechung des Hauptschuldigen, sowie für den Fall behandelt, wo die strafrechtliche Verfolgung des Täters gesetzlich ausgeschlossen ist.

Die Haftbarkeit ist beschränkt auf die Geldstrafe, den Wertersatz und die Kosten; sie erstreckt sich also nicht auf die Gefängnisstrafe und nicht auf die Forst- oder Gemeinde-Arbeit.

Die in diesem und dem folgenden § 12 ausgesprochene Haftung geht über die aus den §§ 831. 832. BGB. sich ergebende Haftpflicht hinaus, ist aber durch Art. 107 des Einf.-Ges. zum BGB. v. 18. Aug. 1896 aufrecht erhalten.

2) Das frühere Obertribunal hatte ausgeführt und angenommen, daß das tatsächlich bestehende Gewalts- (Aufsichts-, Dienst-)Verhältnis für die Haftbarkeit entscheidend und diese nicht davon abhängig sei, daß die „Gewalt“ oder „Aufsicht“ in einer ausdrücklichen gesetzlichen Bestimmung beruhe (Erk. v. 6. Okt. 1853, (Entsch. Bd. 26, S. 467) u. v. 19. Febr. 1863 (GA. Bd. 11, S. 348 u. ORO. Bd. 3, S. 298). Demgegenüber hat das Kammergericht in einem Urt. v. 4. Aug. 1898 die zur Rechtfertigung jener Annahme gemachten Ausführungen für nicht ausreichend erklärt und ausgesprochen, daß unter den nach dem vorliegenden § haftpflichtigen Personen nur solche zu verstehen sind, bezüglich

Falle des Unvermögens der Verurtheilten für haftbar zu erklären[3]), und zwar unabhängig von der etwaigen Strafe, zu welcher er selbst auf Grund dieses Gesetzes[4]) oder des § 361. Nr. 9. des Strafgesetzbuchs[5]) verurtheilt wird.

---

deren ein rechtliches Gewalt- oder Aufsichtsverhältnis besteht. Danach haftet der Ehemann nicht für den Forstdiebstahl der Ehefrau, weil nach dem BGB. eine Aufsicht des Ehemanns über die Ehefrau nicht besteht; wohl aber die Eltern für die minderjährigen ehelichen Kinder (BGB. § 1626), der Vormund für den Mündel (BGB. § 1800), der Lehrherr für den Lehrling (Gewerbe-Ordn. § 127a).

Die Haftbarkeit tritt nur ein, wenn neben dem Gewalts- (Aufsichts- Dienst-)Verhältnis zugleich eine Hausgenossenschaft besteht.

3) Der gesetzgeberische Grund der Haftbarkeit ruht in der Vermutung eines Zusammenwirkens des Gewalthabers (der Aufsichtsperson, der Dienstherrschaft) mit dem Hauptschuldigen. Die Haftbarkeit ist also als Strafe aufzufassen, und muß durch Strafbefehl oder Urteil ausgesprochen werden. Auch diesem wie jedem anderen Strafbefehl (Urteil) hat die öffentliche Klage des Amtsanwalts vorauszugehen. (§ 27.)

Der Ausspruch der Haftbarkeit ist aber an die Voraussetzung geknüpft, daß der Hauptschuldige zur Zahlung der Geldstrafe, des Wertersatzes und der Kosten unvermögend ist. Tritt diese Voraussetzung nicht ein, dann wird der die Haftbarkeit aussprechende Strafbefehl (Urteil) gegenstandslos.

4) Kommt der Haftbare zugleich bei der zur Anklage gestellten Tat als Mittäter, Anstifter, Gehilfe, Begünstiger oder Hehler in betracht, so geht die hierfür von ihm verwirkte Strafe selbständig nebenher. Er hat dann also einmal die ihn selbst treffende Strafe und die ihn selbst treffenden Kosten und zweitens die den Mitschuldigen treffende Geldstrafe, sowie die den Mitschuldigen treffenden Kosten zu entrichten. In betreff des Wertersatzes liegt ihm aber nur einmalige Leistung ob.

5) Auch durch eine Bestrafung aus § 361. Nr. 9. d. StrGB. dahin lautend:

Mit Haft (an deren Stelle auch Geldstrafe bis zu einhundertundfünfzig Mark erkannt werden kann) wird bestraft:

Wird festgestellt, daß die That nicht mit seinem Wissen verübt ist, oder daß er sie nicht verhindern konnte, so wird die Haftbarkeit nicht ausgesprochen[6]).

§ 12.

Hat der Thäter noch nicht das zwölfte Lebensjahr vollendet, so wird derjenige, welcher in Gemäßheit des § 11. haftet, zur Zahlung der Geldstrafe, des Werthersatzes und der Kosten als unmittelbar haftbar verurteilt[1]).

Wer Kinder oder andere unter seiner Gewalt stehende Personen, welche seiner Aufsicht untergeben sind und zu seiner Hausgenossenschaft gehören, von der Begehung — — — — strafbarer Verletzungen der Gesetze zum Schutze der Forsten — — — abzuhalten unterlässt. Die Vorschriften dieser Gesetze über die Haftbarkeit für die den Thäter treffenden Geldstrafen oder anderen Geldleistungen werden hierdurch nicht berührt.

wird die Haftbarkeit nicht beseitigt. Beide Strafen gehen vielmehr neben einander her. (Vgl. Anm. 5. zum § 13. u. Anm. *) zum § 36.)

6) Das Gesetz scheidet die Haftbarkeit nicht nur dann aus, wenn der als haftbar in Anspruch Genommene um den Forstdiebstahl nicht gewußt hat, sondern auch dann, wenn er zwar um den Forstdiebstahl gewußt hat, aber nicht in der Lage gewesen ist, ihn zu verhindern (z. B. weil er krank im Bette lag und seinen Abmahnungen kein Gehör gegeben wurde). Es ist nicht erforderlich, daß der Beweis für den Haftbarkeits-Ausschließungsgrund „von dem als haftbar in Anspruch Genommenen geführt“ werde, es genügt, daß der Ausschließungsgrund nach Maßgabe der für den Strafprozeß geltenden allgemeinen Beweisregeln vom Richter „festgestellt wird.“

1) Personen, die bei Begehung einer Straftat das zwölfte Lebensjahr noch nicht vollendet hatten, dürfen strafrechtlich nicht verfolgt, gegen sie können jedoch durch Beschluß des Vormundschaftsgerichts die zur Besserung und Beaufsichtigung geeigneten Maßregeln getroffen werden. § 55 d.

StrGB. in der Fassung des Einführ.-Gesetzes zum BGB. v. 18. Aug. 1896 Art 34 Nr. II bestimmt nämlich:

Wer bei Begehung der Handlung das zwölfte Lebensjahr nicht vollendet hat, kann wegen derselben nicht strafrechtlich verfolgt werden. Gegen denselben können jedoch nach Massgabe der landesgesetzlichen Vorschriften die zur Besserung und Beaufsichtigung geeigneten Maassregeln getroffen werden. Die Unterbringung in eine Familie, Erziehungsanstalt oder Besserungsanstalt kann nur erfolgen, nachdem durch Beschluss des Vormundschaftsgerichtes die Begehung der Handlung festgestellt und die Unterbringung für zulässig erklärt ist.

Näheres enthält das Gesetz über die Fürsorgeerziehung Minderjähriger v. 2. Juli 1900 (Ges. S. S. 264).

Die Allgem. Verf. des Justizministers v. 6. Febr. 1901 (JMBl. S. 31) bestimmt unter I:

Die Beamten der Staatsanwaltschaft (also auch die Amtsanwälte) haben von den zu ihrer amtlichen Kenntnis gelangenden Fällen, in welchen Minderjährige, die das achtzehnte Lebensjahr noch nicht vollendet haben

a) der Verwahrlosung verfallen oder von der Gefahr einer solchen bedroht erscheinen,

b) oder einer vor dem vollendeten zwölften Lebensjahre begangenen strafbaren Handlung verdächtig sind

den zur Stellung des Antrages auf Einleitung der Fürsorgeerziehung nach § 4 des Ges. v. 2. Juli 1900 zuständigen Landrat (Oberamtmann, Vorsteher der Kgl. Polizeibehörde), bei Gefahr im Verzuge auch dem Vormundschaftsgerichte Mitteilung zu machen.

Die Mitteilung hat so zeitig wie möglich und, wenn angängig, unter Übersendung der Akten zu erfolgen. Das Benachrichtigungsschreiben ist zu den Akten zu bringen.

Es war früher streitig, ob für die von solchen Kindern begangenen Holzdiebstähle eine Haftbarkeit der Gewaltinhaber rc. aus § 10. d. HDG. 2. Juni 52 hergeleitet werden könnte. Das Obertribunal hat die Frage bejaht. (Beschlüsse vom 6. u. 30. Oktober 71. ORO. XII, 499, 546.) Im Sinne dieser Beschlüsse ist nunmehr durch § 12. Abs. 1. diese Streitfrage gesetzlich entschieden.

Dasselbe gilt, wenn der Thäter zwar das zwölfte, aber noch nicht das achtzehnte Lebensjahr vollendet hatte und wegen Mangels der zur Erkenntniß der Strafbarkeit seiner That erforderlichen Einsicht freizusprechen ist, oder wenn derselbe wegen eines seine freie Willensbestimmung ausschließenden Zustandes straffrei bleibt[2]).

Die Haftbarkeit wird hier selbständig zum Gegenstande der Untersuchung gemacht. Sie fällt ebenso wie die Haftbarkeit des § 11. fort, wenn der als haftbar in Anspruch Genommene um die Tat nicht gewußt hat, oder wenn er die Tat nicht hat verhindern können. (Siehe übrigens die nachfolgende Anm. 2.)

Wegen der fortdauernden Geltung dieses § vgl. Anm. 1 zu § 11.

2) Bei der Vorschrift des § 12. Abs. 2. ist an die Fälle der §§ 51. und 52. d. StrGB. gedacht (Zustand der Bewußtlosigkeit — krankhafte Störung der Geistestätigkeit — Nötigung durch unwiderstehliche Gewalt oder gefährliche Drohung). Auch hier fällt die Strafbarkeit fort, wenn der als haftbar in Anspruch Genommene um die Tat nicht gewußt hat, oder wenn er sie nicht hat verhindern können.

Die Haftbarkeit nach § 12. ist ebenso wie diejenige nach § 11. unabhängig von der Strafe auszusprechen, die der Haftbare etwa selbst auf Grund dieses Gesetzes oder des § 361. Nr. 9. d. StrGB. verwirkt hat.

§ 56 StrGB. lautet:

> Ein Angeschuldigter, welcher zu einer Zeit, als er das zwölfte, aber nicht das achtzehnte Lebensjahr vollendet hatte, eine strafbare Handlung begangen hat, ist freizusprechen, wenn er bei Begehung derselben die zur Erkenntniss ihrer Strafbarkeit erforderliche Einsicht nicht besass.

Der Angeschuldigte muß die zur Erkenntnis der Strafbarkeit der Handlung „erforderliche Einsicht" besessen haben; es ist also nicht nötig, daß er die Strafbarkeit auch tatsächlich erkannt hat; der Besitz dieser Einsicht muß bei der Tat vorhanden gewesen sein, die Einsicht ist mithin als eine dem Täter innewohnende, ihn zur eigenen Erkenntnis befähigende Verstandesreife gedacht. Inwieweit er im übrigen einsichtsfähig ist dh. welchen Grad geistiger Entwicklung er erreicht hat und ob dieser ausreichend sein würde, um ihm die Straf-

§ 13.

An die Stelle einer Geldstrafe, welche wegen Unvermögens des Verurtheilten und des für haftbar Erklärten nicht beigetrieben werden kann, tritt Gefängnißstrafe. Dieselbe kann vollstreckt werden, ohne daß der Versuch einer Beitreibung der Geldstrafe gegen den für haftbar Erklärten gemacht ist, sofern dessen Zahlungsunfähigkeit gerichtskundig ist[1]).

Der Betrag von Einer bis zu fünf[2]) Mark ist einer eintägigen Gefängnißstrafe gleich zu achten[3]).

---

barkeit seiner Handlung klar machen zu können, ist gleichgültig. Zu dieser Einsicht gehört, daß der Täter imstande gewesen ist, zu erkennen, daß er sich durch Begehung der Handlung einer Kriminal- (gerichtlichen oder polizeilichen) Strafe aussetze.

Das Gesetz verlangt ferner die Einsicht in die Strafbarkeit der begangenen einzelnen Handlung; bei einer Mehrzahl strafbarer Handlungen kann daher unter Umständen anzunehmen sein, daß der Täter zwar die Einsicht zur Erkenntnis der Strafbarkeit der einen, nicht aber auch der andern besessen habe. (RUrt. v. 18. Jan. 1882 u. 1. Febr. 1900. URStr. Bd. 5, S. 395. Bd. 33, S. 108.)

1) Die Vollstreckung der an die Stelle einer nicht beitreibbaren Geldstrafe tretenden Gefängnisstrafe setzt voraus: das Zahlungsunvermögen sowohl des Verurteilten als auch des für haftbar Erklärten.

Das Zahlungsunvermögen des Verurteilten gilt nur dann als festgestellt, wenn der Versuch einer Beitreibung der Geldstrafe vergeblich unternommen ist. Erst nachdem dies geschehen, darf mit der Beitreibung der Geldstrafe gegen den für haftbar Erklärten vorgegangen werden. Der Versuch einer solchen Beitreibung gegen den für haftbar Erklärten kann aber unterbleiben, wenn die Zahlungsunfähigkeit desselben gerichtskundig ist. In diesem Falle kann sofort, nachdem die Beitreibung gegen den Verurteilten fruchtlos versucht worden ist, zur Vollstreckung der Gefängnisstrafe geschritten werden.

2) An die Stelle einer nicht beizutreibenden Geldstrafe tritt stets Gefängnisstrafe — nicht etwa Haft. (RUrt. v. 3. Jan. 1888. URStr. Bd. 17, S. 38.)

Der Mindestbetrag der an die Stelle der Geldstrafe tretenden Gefängnißstrafe ist Ein Tag, ihr Höchstbetrag sind sechs Monate. Kann nur ein Theil der Geldstrafe beigetrieben werden, so tritt für den Rest derselben nach dem in dem Urtheile[4]) festgesetzten Verhältnisse eine Gefängnißstrafe ein.

Gegen die in Gemäßheit der §§ 11. und 12. als haftbar Erklärten tritt an die Stelle der Geldstrafe eine Gefängnißstrafe nicht ein[5]).

---

3) Die Vorschrift ist nicht etwa dahin auszulegen, daß an die Stelle einer Geldstrafe bis zur Höhe von fünf Mark jederzeit nur ein Tag Gefängnis zu treten habe, sondern dahin, daß der Richter gehalten ist, für je fünf Mark mindestens einen Tag Gefängnis festzusetzen, daß er aber befugt ist, auch für je vier, oder für je drei, oder für je zwei Mark, ja sogar für je eine Mark einen Tag Gefängnis einzusetzen.

[Einer Geldstrafe von sechs Mark muß also der Richter mindestens zwei Tage, er kann ihr aber auch drei, vier, fünf, sechs Tage Gefängnis gleichstellen; einer Geldstrafe von elf Mark muß er mindestens drei Tage, er kann ihr aber vier, fünf, sechs, sieben, acht, neun, zehn, elf Tage gleichstellen. Vgl. Justiz-Ministerial-Erlaß vom 2. Januar 1854. JMBl. S. 2; und Stenogr. Ber. üb. d. Vorlagen des Reichstages zum § 26. d. Entw. eines Nordd. StrGB. S. 200. 201. Ferner HRB. S. 10 u. HStB. S. 390.]

4) Dem „Urteile" steht der vollstreckbare Strafbefehl (vgl. unten § 27) gleich. (Vgl. StrPO. § 450.) Urteil wie Strafbefehl müssen regelmäßig eine Festsetzung darüber enthalten, welche Gefängnisstrafe an die Stelle der Geldstrafe zu treten habe.

5) Die Vorschrift ist eine Folge der im § 11. gegebenen Begrenzung der Haftbarkeit. (Vgl. daselbst Anm. 1.) In den Fällen des § 12. wird sonach das ganze Urteil wirkungslos, wenn der für haftbar Erklärte zahlungsunfähig ist, denn ein Verurteilter, gegen den alsdann eine an die Stelle der Geldstrafe tretende Gefängnisstrafe vollstreckt werden könnte, ist nicht vorhanden. Neben der Haftbarkeit aus § 12. wird aber in den meisten Fällen eine Zuwiderhandlung gegen § 361. Nr. 9. d. StrGB. inbetracht kommen; es wird des-

§ 14.

Statt der in dem § 13. vorgesehenen[1]) Gefängnißstrafe kann[2]) während der für dieselbe bestimmten Dauer[3]) der Verurtheilte, auch ohne in einer Gefangenanstalt eingeschlossen zu werden, zu Forst- oder Gemeinde-Arbeiten[4]), welche seinen Fähigkeiten und Verhältnissen angemessen sind, angehalten[5]) werden.

---

halb in solchen Fällen gleichzeitig Anklage aus § 361. Nr. 9. StrGB. erhoben, und auf diesem Wege eine Bestrafung herbeigeführt werden können. (Vgl. Anm.*) zum § 36. und Anm. 5 zum § 11.)

1) Nur statt der Gefängnisstrafe, die an die Stelle einer nicht beitreibbaren Geldstrafe tritt (§ 13.) — nicht auch statt der nach den §§ 6. u. 8. neben der Geldstrafe zu erkennenden Gefängnisstrafe — ist die Forst- und Gemeinde-Arbeit zugelassen. Die Bestimmung entspricht dem § 6. Abs. 2. des Einführungsges. zum StrGB.

2) Das Ermessen des Richters entscheidet, nicht die Wahl des Bestohlenen; daher muß der Ausspruch: daß im vorliegenden Falle die Gefängnisstrafe durch Arbeit ersetzt werden dürfe, in dem Urteile (Strafbefehle) ergehen. (Vgl. Anm. 3. zum § 34.)

3) Die Dauer der Arbeit muß dieselbe sein, wie die Dauer der Gefängnisstrafe, dh. jeder Tag Gefängnisstrafe wird durch einen Arbeitstag vertreten; dem Richter steht nicht die Befugnis zu, eine von der Zahl der Gefängnistage verschiedene Zahl von Arbeitstagen einzusetzen. Die Stundenzahl oder die Arbeitsleistung, welche einen Arbeitstag ausmachen, bestimmen sich nach den örtlichen Verhältnissen, oder nach den im Abs. 2. vorgesehenen näheren Bestimmungen. (Vgl. Anm. 7.)

4) Nur Forst- oder Gemeinde-Arbeiten dürfen an die Stelle der Gefängnisstrafe gesetzt werden, nicht auch die anderen nach § 16. des StrGB. innerhalb der Gefangenanstalt zugelassenen Arbeiten.

5) Zu den Forst- oder Gemeinde-Arbeiten kann der Verurteilte nötigenfalls durch Zwang „angehalten" werden. Derartige Zwangsmaßregeln sind aber unpraktisch, weil ihre Anwendung mit Kosten verknüpft ist, die den Wert der zu erzwingenden Arbeiten überwiegen. Die Gefängnisstrafe wird deshalb sofort zu vollstrecken sein, wenn der zur Arbeit

Die näheren Bestimmungen wegen der zu leistenden Arbeiten werden mit Rücksicht auf die vorwaltenden Lohn- und örtlichen Verhältnisse von dem Regierungspräsidenten (Landdrosten)[6]) in Gemeinschaft mit dem Ersten Staatsanwalt beim Oberlandesgerichte erlassen. Dieselben sind ermächtigt, gewisse Tagewerke dergestalt zu bestimmen, daß die Verurtheilten, wenn sie durch angestrengte Thätigkeit mit der ihnen zugewiesenen Arbeit früher zu Stande kommen, auch früher entlassen werden[7]).

§ 15.

Aexte, Sägen, Messer und andere zur Begehung des Forstdiebstahls geeignete[1]) Werkzeuge, welche der Thäter bei der Zuwiderhandlung bei sich geführt hat[2]), sind[3])

Aufgeforderte der Aufforderung nicht Folge leistet. Dagegen ist es nicht statthaft, die Verurteilten, falls sie mit der zugewiesenen Arbeit im Rückstande geblieben sind, behufs Erledigung dieses Rückstandes über die Dauer der Strafzeit hinaus zurückzuhalten. (Allgem. Verf. des Just.-Min. vom 20. Oktober 1881 I 4103; vgl. auch Anm. 3.) Übrigens sind die Kosten eines zwangsweisen Anhaltens aus der Gerichtskasse zu entnehmen, weil das „Anhalten zur Arbeit" ein Ziel der nach § 33 dem Gerichte obliegenden Strafvollstreckung ist.

6) An die Stelle der Landdrosten in der Provinz Hannover sind ebenfalls Regierungspräsidenten getreten. (Landesverw. Ges. v. 30. Juli 1883 § 25.)

7) Die Bestimmungen über die Anrechnung und Leistung der Strafarbeit sind inzwischen für jeden Reg.-Bezirk von den zuständigen Beamten getroffen und durch die Amtsblätter veröffentlicht worden.

1) Die Werkzeuge müssen zur Begehung des Forstdiebstahls „geeignet" sein; daß sie zugleich gebräuchliche Werkzeuge sind, dh. solche, die zur Begehung von Forstdiebstählen benutzt zu werden pflegen, ist nicht erforderlich.

2) Der Täter (Mittäter, Gehilfe) muß die Werkzeuge „bei sich geführt haben"; daß er sie auch bei der Tat gebraucht habe, ist nicht erforderlich.

3) Durch die Worte „sind einzuziehen" ist die Ver-

hängung der Einziehungsstrafe dem Richter zwingend vorgeschrieben.

Für die weitere Behandlung der eingezogenen Gegenstände ist maßgebend die Vfg. d. Fin.-Min. vom 1. Sept. 1853 (den Gerichtsbehörden zur Beachtung mitgeteilt durch Allg. Verf. d. Just.-Min. v. 6. Okt. 1853 (JMBl. S. 370 ff.)) in der es heißt:

Die zu konfiszierenden oder in Beschlag zu nehmenden Gegenstände (§§ 17 u. 22 — jetzt §§ 15 u. 16 —) hat der betr. Oberförster zur Disposition des Gerichtes aufzubewahren und über diese Gegenstände ein Verzeichnis nach einem, von der Kgl. Regierung dazu zu erteilenden Schema zu führen, worin unter A die wertvolleren Gegenstände und solche, deren Verkauf und Rückkehr in den Gebrauch ohne überwiegende Nachteile für zulässig zu erachten ist, und unter B die wertlosen Gegenstände und solche, deren Verkauf und Rückkehr in den Gebrauch aus polizeilichen Gründen nicht angemessen, deren Vernichtung vielmehr ratsam ist, zu verzeichnen sind.

Zur Vermeidung beträchtlicher Transportkosten sind die Gegenstände sub A, wenn nicht zu einer früheren Absendung Veranlassung ist, nur vierteljährlich an das Gericht gegen Bezahlung der Transportkosten abzuliefern, wogegen die Gegenstände sub B um das Gericht nicht mit Übersendung wertloser Sachen zu belästigen, deren Transportkosten vielleicht nicht einmal durch den aus dem Verkauf zu erwartenden Erlös gedeckt werden würden, und um zu verhindern, dass Gegenstände, welche zum Holzdiebstahle dienen und durch deren Verkauf dem Diebstahl an Holz oder andern Waldprodukten Vorschub geleistet werden würde, in den Gebrauch zurückkehren, dem Gerichte nicht mit zu übersenden sind. Von derartigen Gegenständen ist vielmehr vierteljährlich zunächst nur ein besonderes Verzeichnis dem Gericht mitzuteilen und seiner Bestimmung anheimzustellen, ob es mit der Vernichtung dieser Gegenstände einverstanden ist, oder ob und welche davon dennoch an das Gericht zu übersenden sind. Soweit das Gericht mit der Vernichtung einverstanden ist, ist dieselbe vom Oberförster unter Zuziehung des Ortsvorstandes in angemessener Weise, bei Sägen, Äxten, Messern usw. durch in Ge-

Gegenwart des Oberförsters und Ortsvorstandes gegen Überlassung des Materials zu bewirkendes Zusammenschlagen in einer Schmiede, zu besorgen und solches unter der, dem Gerichte zurückzusendenden desfallsigen Nachweisung zu bescheinigen. Dabei ist, wenn der Wert des Materials die mit der Vernichtung der Werkzeuge verbundenen Kosten übersteigt, der Erlös zu bemerken und dessen Einzahlung zur betreffenden Salarienkasse — jetzt Gerichtskasse, vgl. auch unten § 34 Anm. 2 — zu veranlassen. Sollte wider Erwarten die Vernichtung solcher Gegenstände, welche aus polizeilichen Rücksichten zweckmässig ausser Gebrauch zu setzen sind, von einzelnen Gerichten beanstandet werden, so hat die Kgl. Regierung vorkommenden Falles Anzeige zu machen und Vorschläge anzugeben, in welcher Art dem Übelstande abzuhelfen sein möchte.

Eine Erläuterung zu vorstehendem Erlaß ist enthalten in nachstehender Allgem. Verf. d. Just.-Min. v. 28. Febr. 1860 (JMBl. S. 94).

Es ist eine Meinungsverschiedenheit der Gerichtsbehörden und Verwaltungsbehörden zur Kenntnis des Just.-Min. gelangt, betreffend die Frage:

welche von den den Holzdieben abgenommenen und konfiszierten Werkzeugen nach Massgabe der durch die Allgem. Verf. v. 6. Okt. 1853 den Gerichtsbehörden zur Nachachtung bekannt gemachten Zirk.-Verf. des Herrn Fin.-Min. v. 1. Sept. 1853

a) als wertvollere Gegenstände, deren Verkauf und Rückkehr in den Gebrauch ohne überwiegende Nachteile für zulässig zu erachten und die daher an das Gericht zur Verwertung abzuliefern,

b) als solche zu behandeln sind, deren Verkauf und Rückkehr in den Gebrauch aus polizeilichen Gründen nicht angemessen, deren Vernichtung vielmehr ratsam ist.

Von einem Gerichte ist die Ansicht aufgestellt worden, dass nur solche Gegenstände unter die Kategorie zu b fallend, in die Abteilung B der von den Oberförstern einzureichenden Verzeichnisse der Konfiskate aufzunehmen seien, welche vermöge ihrer Konstruktion und Bestimmung für Forstfrevel speziell gemacht sind, resp. denselben wesentlich Vorschub leisten.

Dieser Ansicht kann nicht unbedingt beigetreten werden.

Nach einer Mitteilung des Herrn Fin.-Min. liegt es im Interesse des Forstschutzes, dass sich die Gerichte in Beziehung auf die obengedachte Unterscheidung nicht einer zu engen Auffassung hingeben, vielmehr in dieser Hinsicht sich möglichst den Ansichten und Wünschen der Forstbeamten anschliessen.

Zu den aus polizeilichen Rücksichten für die Vernichtung zu bestimmenden, in Beschlag genommenen Werkzeugen sind auch andere zu rechnen, als die, welche nach ihrer Konstruktion speziell für Forstfrevel gefertigt sind, oder demselben wesentlich Vorschub leisten. Es kommt insbesondere darauf an, ob die in Beschlag genommenen Werkzeuge zur Begehung von Holzdiebstahl fernerhin gebraucht werden können. Von diesem Gesichtspunkte aus lässt sich nichts dagegen erinnern, dass z. B. die vom Gericht als konfisziert erklärten Sägen, Messer, Haken zum Abreissen der Äste, Beile, Äxte, Hippen, Sicheln, Rechen und auch andere Werkzeuge, wenn deren Rückkehr in den Gebrauch aus besonderen Gründen oder nach lokalen Verhältnissen bedenklich erscheint, in das Verzeichnis B aufgenommen und als zur Vernichtung geeignet erachtet werden.

Der Erfahrung nach ist der Verlust der zum Holzdiebstahl gebrauchten Werkzeuge den Holzdieben sehr oft empfindlicher und schreckt von der Wiederholung mehr ab, als die geringe Geld- oder Freiheitsstrafe. Diese Wirkung der Konfiskation wird aber aufgehoben oder doch erheblich geschwächt, wenn die Holzdiebe bei dem von der Behörde angeordneten Verkaufe der ihnen abgenommenen Werkzeuge Gelegenheit finden, dieselben um einen geringen Kostenpreis wieder zu erlangen.

Der Just.-Min. erachtet es deshalb für angemessen, dass die Gerichte, falls nicht ganz besondere Gründe obwalten, in betreff der Frage, welche konfiszierte Werkzeuge der gedachten Art zur Vernichtung zu bestimmen seien, möglichst die Gutachten und Anträge der Forstbeamten berücksichtigen.

Die vorstehenden Vorschriften beziehen sich nur auf Gegenstände, auf deren Einziehung rechtskräftig erkannt ist. Das

einzuziehen, ohne Unterschied, ob sie dem Schuldigen gehören oder nicht[4]).

Die Thiere und andere zur Wegschaffung des Entwendeten dienenden Gegenstände, welche der Thäter bei sich führt, unterliegen nicht der Einziehung[5]).

§ 16*).

Wird der Thäter bei Ausführung eines Forstdiebstahls, oder gleich nach derselben betroffen oder verfolgt, so sind die zur Begehung des Forstdiebstahls geeigneten Werkzeuge, welche er bei sich führt (§ 15.), in Beschlag zu nehmen.

---

sog. objektive Verfahren des § 42 StrGB. wonach, wenn die Verfolgung oder Verurteilung einer bestimmten Person nicht ausführbar ist, die Einziehung selbständig ausgesprochen werden kann, findet auch hier Anwendung; ist z. B. der Täter unter Zurücklassung seiner Werkzeuge entflohen und unbekannt geblieben, oder mußte er aus in seiner Person liegenden Gründen freigesprochen werden, so ist ausschließlich auf Einziehung zu erkennen.

4) Nach § 17. HDG. 2. Juni 52 unterlagen die dem Schuldigen nicht gehörigen Werkzeuge der Einziehung nur dann, wenn sie dem Schuldigen von dem Eigentümer „überlassen" waren. Das gegenwärtige Gesetz sieht von diesem Erfordernisse ab, und schließt sich demselben gesetzgeberischen Gedanken an, der dem § 295. des StrGB. zum Grunde liegt.

5) Transportmittel unterliegen der Einziehung in keinem Falle; auch dann nicht, wenn sie dem Täter gehören. Insofern enthält die Vorschrift eine Abweichung von den allgemeinen Grundsätzen des § 40. des StrGB. zu Gunsten der Forstdiebe.

*) Hierzu ist zu bemerken:

I. Beschlagnahme und Haussuchungen.

Die allgemeinen Bestimmungen über den Begriff der Beschlagnahme,

über ihre Voraussetzungen und über das dabei zu beobachtende Verfahren sind zu entnehmen aus den §§ 94. 95. 98. d. StrPrO.

§ 94.

Gegenstände, welche als Beweismittel für die Untersuchung von Bedeutung sein können oder der Einziehung unterliegen, sind in Verwahrung zu nehmen oder in anderer Weise sicher zu stellen.

Befinden sich die Gegenstände in dem Gewahrsam einer Person und werden dieselben nicht freiwillig herausgegeben, so bedarf es der Beschlagnahme.

§ 95.

Wer einen Gegenstand der vorbezeichneten Art in seinem Gewahrsam hat, ist verpflichtet, denselben auf Erfordern vorzulegen und auszuliefern.

Er kann im Falle der Weigerung durch die im § 69. bestimmten Zwangsmittel hierzu angehalten werden. Gegen Personen, welche zur Verweigerung des Zeugnisses berechtigt sind, finden diese Zwangsmittel keine Anwendung.

§ 98.

Die Anordnung von Beschlagnahmen steht dem Richter, bei Gefahr im Verzug auch der Staatsanwaltschaft (dem Amtsanwalt) und denjenigen Polizei- und Sicherheitsbeamten zu, welche als Hülfsbeamte der Staatsanwaltschaft den Anordnungen derselben Folge zu leisten haben.

Ist die Beschlagnahme ohne richterliche Anordnung erfolgt, so soll der Beamte, welcher die Beschlagnahme angeordnet hat, binnen drei Tagen die richterliche Bestätigung nachsuchen, wenn bei der Beschlagnahme weder der davon Betroffene noch ein erwachsener Angehöriger anwesend war, oder wenn der Betroffene und im Falle seiner Abwesenheit ein erwachsener Angehöriger desselben gegen die Beschlagnahme ausdrücklichen Widerspruch erhoben hat. Der Betroffene kann jederzeit die richterliche Entscheidung nachsuchen.

— — — — — — — — — — — — — — — — — — — —

— — — — — — — — — — — — — — — — — — — —

Ist nach erhobener öffentlicher Klage die Beschlagnahme durch die Staatsanwaltschaft (Amtsanwalt) oder einen Polizei- oder Sicherheitsbeamten erfolgt, so ist binnen drei Tagen dem Richter von der Beschlagnahme

Anzeige zu machen, und sind demselben die in Beschlag genommenen Gegenstände zur Verfügung zu stellen.

— — — — — — — — — — — — — — — — —

— — — — — — — — — — — — — — — — —

Aus diesen Vorschriften der StrPrO. ergeben sich für die bei Forstdiebstahlsuntersuchungen in Frage kommenden Beschlagnahmen folgende allgemeine Grundsätze.

Gegenstand der Beschlagnahme können außer den nach § 15. der Einziehung unterliegenden Werkzeugen auch andere für die Beweisführung wichtige Sachen (aus diesem Gesichtspunkte also auch Transportmittel) sein;

gerichtet kann die Beschlagnahme werden, nicht nur gegen den Täter, sondern gegen jeden Inhaber eines der vorbezeichneten Gegenstände;

für die Zeit der Beschlagnahme ist eine Schranke nicht gezogen; die Beschlagnahme kann erfolgen bei der Tat, wie nachher, selbst noch im späteren Laufe der Untersuchung;

als Beschlagnahmehandlung ist nicht unbedingt eine körperliche Entziehung des Gegenstandes aus dem Gewahrsam des von der Beschlagnahme Betroffenen erforderlich; es genügt wenn dem Inhaber die Verfügung über den in seinem Gewahrsam belassenen Gegenstand untersagt wird;

befugt zur Beschlagnahme ist allemal der Richter; außer ihm nur der Staatsanwalt (Amtsanwalt) und die diesem als Hülfsbeamte unterstellten Polizei- und Sicherheitsbeamten, insbesondere die zu Hülfsbeamten bestellten Forstschutzbeamten. Vgl. Anm. 2 zum § 19.) Dem Staatsanwalt (Amtsanwalt) und dessen Hülfsbeamten steht die Befugnis aber nur zu bei Gefahr im Verzuge; und auch unter dieser Voraussetzung sind sie gehalten, binnen drei Tagen die richterliche Bestätigung nachzusuchen, wenn bei der Beschlagnahme weder der davon Betroffene noch ein erwachsener Angehöriger anwesend war, oder wenn der Betroffene, und im Falle seiner Abwesenheit ein erwachsener Angehöriger gegen die Beschlagnahme ausdrücklichen Widerspruch erhoben hat. Hiervon abgesehen kann der Betroffene gegen eine vom Staatsanwalt (Amtsanwalt) oder dessen Hülfsbeamten vorgenommene Beschlagnahme jederzeit die richterliche Entscheidung nachsuchen.

Den vorstehenden allgemeinen Bestimmungen gegenüber hat die Vorschrift in § 16 des gegenwärtigen Gesetzes nicht etwa die Bedeutung:

daß in Forstdiebstahlsuntersuchungen die Beschlagnahme einerseits nur auf die (der Einziehung unterliegenden) Werkzeuge sich erstrecken, andererseits nur unter der Voraussetzung daß der Täter bei der Tat oder unmittelbar nach derselben betroffen wird, erfolgen dürfe;

vielmehr will sie ausdrücken:

daß im Falle der Täter bei Ausführung eines Forstdiebstahls oder unmittelbar danach betroffen oder verfolgt wird, die (der Einziehung unterliegenden) Werkzeuge auch durch einen Nichtbeamten in Beschlag genommen werden dürfen (RUrt. v. 20 Nov. 84, 29 Jan. 1886. u. v. 5. April 1889 URStr. Bd. 11, S. 321, Bd. 13, S. 270, u. Bd. 19, S. 101.), während in jedem anderen Falle jede Beschlagnahme nach Maßgabe der allgemeinen Bestimmungen der Strafprozeßordnung nur durch die im § 98. daselbst bezeichneten Beamten vorgenommen werden dürfe. Den zum Forstschutze berechtigten Personen, die nicht Hilfsbeamte der Staatsanwaltschaft sind, ist aber mit dem Rechte zur Beschlagnahme nicht auch zugleich die Befugnis zur Anordnung von Durchsuchungen verliehen (RUrt. v. 29. Jan. 1886, URStr. Bd. 13, S. 270.).

Verweigert der betroffene Täter die Ausantwortung der Werkzeuge, so findet die Vorschrift des § 3 Nr. 5. auf ihn Anwendung; leistet er dem die Beschlagnahme Ausführenden Widerstand (durch Gewalt oder durch Drohung), so verfällt er, wenn der die Beschlagnahme Unternehmende der Forstbeamte oder der Waldeigentümer, oder der Forstberechtigte, oder der vom Waldeigentümer (Forstberechtigten) bestellte Aufseher war, der Strafe des § 117. d. StrGB. (RUrt. v. 20. Nov. 84 URStr. Bd. 11, S. 321), wenn jener aber aber ein anderer zuständiger Beamter (z. B. ein Gendarm) war, der Strafe des § 113. d. StrGB.

Wegen des Rechtes der Forstbeamten zum Waffengebrauch vgl. unten Anm. 1 zu § 24 (Seite 70).

Abgesehen von den Fällen, wo der Täter bei der Tat betroffen wird, kommt für Forstdiebstahlsuntersuchungen erfahrungsmäßig nur noch in den Fällen einer Haussuchung die Beschlagnahme in Frage. Solche bei Gelegenheit von Haussuchungen ausgeführten Beschlagnahmen unterliegen regelmäßig — mögen sie auf die beim Forstdiebstahl benutzten Werkzeuge, oder auf bloße Beweisstücke, oder auf den gestohlenen Gegenstand sich erstrecken — den oben ausgeführten allgemeinen Bestimmungen der Strafprozeßordnung, dürfen also nur von den dort bezeichneten Beamten vorgenommen werden. Es sind das übrigens zugleich dieselben Beamten, welche zur Vornahme von Haussuchungen befugt sind. Was nämlich die

Haussuchungen

anlangt, so gelten dieserhalb die Bestimmungen der StrPO. Diese schreibt vor:

§ 102.

Bei demjenigen, welcher als Thäter oder Theilnehmer einer strafbaren Handlung oder als Begünstiger oder Hehler verdächtig ist, kann eine Durchsuchung der Wohnung und anderer Räume, sowie seiner Person und der ihm gehörigen Sachen, sowohl zum Zwecke seiner Ergreifung, als auch dann vorgenommen werden, wenn zu vermuten ist, dass die Durchsuchung zur Auffindung von Beweismitteln führen werde.

§ 103.

Bei anderen Personen sind Durchsuchungen nur behufs der Ergreifung des Beschuldigten oder behufs der Verfolgung von Spuren einer strafbaren Handlung oder behufs der Beschlagnahme bestimmter Gegenstände und nur dann zulässig, wenn Thatsachen vorliegen, aus denen zu schliessen ist, dass die gesuchte Person, Spur oder Sache sich in den zu durchsuchenden Räumen befinde.

Diese Beschränkung findet keine Anwendung auf die Räume, in welchen der Beschuldigte ergriffen worden ist, oder welche er während der Verfolgung betreten hat, oder in welchen eine unter Polizeiaufsicht stehende Person wohnt oder sich aufhält.

§ 104.

Zur Nachtzeit dürfen die Wohnung, die Geschäftsräume und das befriedete Besitztum nur bei Verfolgung auf frischer That oder bei Gefahr im Verzuge oder dann durchsucht werden, wenn es sich um die Wiederergreifung eines entwichenen Gefangenen handelt.

Diese Beschränkung findet keine Anwendung auf Wohnungen von Personen, welche unter Polizeiaufsicht stehen, sowie auf Räume, welche zur Nachtzeit jedermann zugänglich oder welche der Polizei als Herbergen oder Versammlungsorte bestrafter Personen, als Niederlagen von Sachen, welche mittels strafbarer Handlungen erlangt sind, oder als Schlupfwinkel des Glücksspiels oder gewerbsmässiger Unzucht bekannt sind.

Die Nachtzeit umfasst in dem Zeitraume vom ersten April bis dreissigsten September die Stunden von neun Uhr Abends bis vier Uhr Morgens und in dem Zeitraume vom ersten Oktober bis einunddreissigsten März die Stunden von neun Uhr Abends bis sechs Uhr Morgens.

§ 105.

Die Anordnung von Durchsuchungen steht dem Richter, bei Gefahr im Verzuge auch der Staatsanwaltschaft (dem Amtsanwalt) und denjenigen Polizei- und Sicherheitsbeamten zu, welche als Hilfsbeamte der Staatsanwaltschaft den Anordnungen derselben Folge zu leisten haben.

Wenn eine Durchsuchung der Wohnung, der Geschäftsräume oder des befriedeten Besitzthums ohne Beisein des Richters oder des Staatsanwaltes (Amtsanwalts) stattfindet, so sind, wenn dies möglich, ein Gemeindebeamter oder zwei Mitglieder der Gemeinde, in deren Bezirk die Durchsuchung erfolgt, zuzuziehen. Die als Gemeindemitglieder zugezogenen Personen dürfen nicht Polizei- oder Sicherheitsbeamte sein.

Die in den vorstehenden Absätzen angeordneten Beschränkungen der Durchsuchung finden keine Anwendung auf die im § 104. Abs. 2 bezeichneten Wohnungen und Räume.

Durchsuchungen in militärischen Dienstgebäuden erfolgen durch Ersuchen der Militärbehörde, und auf Verlangen der Zivilbehörde (Richter, Staatsanwaltschaft [Amtsanwalt]) unter deren Mitwirkung. Des Ersuchens der Militärbehörde bedarf es jedoch nicht, wenn die Durchsuchung von Räumen vorzunehmen ist, welche in militärischen Dienstgebäuden ausschliesslich von Civilpersonen bewohnt werden.

§ 106.

Der Inhaber der zu durchsuchenden Räume oder Gegenstände darf der Durchsuchung beiwohnen. Ist er abwesend, so ist, wenn dies möglich, sein Vertreter oder ein erwachsener Angehöriger, Hausgenosse oder Nachbar zuzuziehen.

Dem Inhaber oder der in dessen Abwesenheit zugezogenen Person ist in den Fällen des § 103. Abs. 1. der Zweck der Durchsuchung vor deren Beginn bekannt zu machen. Diese Vorschrift findet keine Anwendung auf die Inhaber der im § 104. Abs. 2. bezeichneten Räume.

§ 107.

Dem von der Durchsuchung Betroffenen ist nach deren Beendigung auf Verlangen eine schriftliche Mittheilung zu machen, welche den Grund der Durchsuchung (§§ 102. 103.) sowie im Falle des § 102. die strafbare Handlung bezeichnen muss. Auch ist demselben auf Verlangen ein Verzeichniss der in Verwahrung oder in Beschlag genommenen Gegenstände, falls aber nichts Verdächtiges gefunden wird, eine Bescheinigung hierüber zu geben.

§ 108.

Werden bei Gelegenheit einer Durchsuchung Gegenstände gefunden, welche zwar in keiner Beziehung zu der Untersuchung stehen, aber auf die erfolgte Verübung einer anderen strafbaren Handlung hindeuten, so sind dieselben einstweilen in Beschlag zu nehmen. Der Staatsanwaltschaft ist hiervon Kenntniss zu geben.

§ 109.

Die in Verwahrung oder in Beschlag genommenen Gegenstände sind genau zu verzeichnen und zur Verhütung von Verwechslungen durch amtliche Siegel oder in sonst geeigneter Weise kenntlich zu machen.

Eine vom zuständigen Beamten vorgenommene Beschlagnahme steht unter dem Schutze des § 137. d. StrGB.; wer daher eine vom zuständigen Beamten in Beschlag genommene Sache vorsätzlich bei Seite schafft, zerstört oder in anderer Weise der Verstrickung entzieht, unterliegt der dort angedrohten Strafe (Gefängnis bis zu einem Jahre).

Wegen der Aufbewahrung und weiteren Behandlung der in Beschlag genommenen Sachen vgl. oben Anm. 3 zu § 15. Beschlagnahmte Sachen, deren Einziehung nicht durch rechtskräftiges Urteil ausgesprochen wird, sind nach Schluß des Verfahrens den letzten Inhabern zurückzugeben.

Wegen der Hilfsbeamten der Staatsanwaltschaft, die zur Vornahme von Beschlagnahmen und Haussuchungen befugt sein sollen, siehe Anm. 2. zum § 19.

II. Pfändungen.

Nachdem auch die im ALR. (T. I tit. 14. §§ 413—465) und im gemeinen Recht bestehenden Bestimmungen über die Zulässigkeit von Privatpfändungen soweit beseitigt sind, als es sich nicht um eine zum Schutze der Grundstücke und der Erzeugnisse von Grundstücken gestattete Pfändung von Sachen handelt, (Einf.-Ges. zum BGB. v. 18. Aug. 1896 Art. 89, Preuß. Ausf. Ges. zum BGB. vom 20. Sept. 1899 Art 89 Ziffer 1 b und 3), Bestimmungen, die nur in den §§ 69—89 des F. und FPGes. v. 1. April 1880 und § 33 der Feldpolizei-Ordnung v. 1. Nov. 1847 — soweit letztere nach § 96 des erstgenannten Gesetzes noch in Kraft ist — enthalten sind, kommen fortan nur noch die Vorschriften des BGB. über die Selbsthilfe in Betracht. Diese lauten:

§ 229.

Wer zum Zwecke der Selbsthilfe eine Sache wegnimmt, zerstört oder beschädigt oder wer zum Zwecke der Selbsthilfe einen Verpflichteten, welcher der Flucht verdächtig ist, festnimmt oder den Widerstand des Verpflichteten gegen eine Handlung, die dieser zu dulden verpflichtet ist, beseitigt, handelt nicht widerrechtlich, wenn obrigkeitliche Hilfe nicht rechtzeitig zu erlangen ist und ohne sofortiges Eingreifen die Gefahr besteht, dass die Verwirklichung des Anspruchs vereitelt oder wesentlich erschwert werde.

§ 230.

Die Selbsthilfe darf nicht weiter gehen, als zur Abwendung der Gefahr erforderlich ist.

Im Falle der Wegnahme von Sachen ist, sofern nicht Zwangsvollstreckung erwirkt wird, der dingliche Arrest zu beantragen.

Im Falle der Festnahme des Verpflichteten ist, sofern er nicht wieder in Freiheit gesetzt wird, der per-

§ 17.

Wird in der Gewahrsam eines innerhalb der letzten zwei Jahre wegen einer Zuwiderhandlung gegen dieses Gesetz rechtskräftig Verurtheilten[1]) frisch gefälltes, nicht forstmäßig zugerichtetes Holz gefunden, so ist gegen den Inhaber auf Einziehung des gefundenen Holzes zu erkennen[2]), sofern er sich über den redlichen Erwerb des Holzes nicht ausweisen kann. Die Einziehung erfolgt zu Gunsten der Armenkasse des Wohnortes des Verurtheilten[3]).

---

sönliche Sicherheitsarrest bei dem Amtsgerichte zu beantragen, in dessen Bezirke die Festnahme erfolgt ist; der Verpflichtete ist unverzüglich dem Gerichte vorzuführen.

Wird der Arrestantrag verzögert oder abgelehnt, so hat die Rückgabe der weggenommenen Sachen und die Freilassung des Festgenommenen unverzüglich zu erfolgen.

§ 231.

Wer eine der im § 229 bezeichneten Handlungen in der irrigen Annahme vornimmt, dass die für den Ausschluss der Widerrechtlichkeit erforderlichen Voraussetzungen vorhanden seien, ist dem andern Teile zum Schadensersatz verpflichtet, auch wenn der Irrtum nicht auf Fahrlässigkeit beruht.

1) Voraussetzung der Vorschrift ist eine rechtskräftige Verurteilung, die nicht weiter als zwei Jahre zurückliegt.

Die frühere Verurteilung muß erfolgt sein wegen einer eigenen Zuwiderhandlung des Holz=Inhabers. Die Vorschrift erstreckt sich also nicht auf Holz=Inhaber, die früher wegen der Zuwiderhandlung eines anderen nach den §§ 11. oder 12. für haftbar erklärt worden sind.

2) Das Verfahren regelt sich nach den §§ 477. 478. der StrPrO. in Verbindung mit den §§ 21. Abs. 3. u. 27 ff. des gegenwärtigen Gesetzes.

3) Vgl. Anm. 2. zum § 34.

§ 18.

Die Strafverfolgung von Zuwiderhandlungen gegen dieses Gesetz verjährt, sofern nicht einer der Fälle der §§ 6. und 8. vorliegt, in sechs Monaten[1]).

§ 19.

Für Zuwiderhandlungen gegen dieses Gesetz sind die Amtsgerichte zuständig. Dieselben verhandeln und entscheiden, sofern nicht einer der Fälle der §§ 6. und 8. vorliegt, ohne die Zuziehung von Schöffen[1]).

---

1) Nur für die Verjährung der Strafverfolgung ist die hier vorgeschriebene Frist maßgebend; für die Verjährung der Strafvollstreckung bewendet es bei den im § 70. d. StrGB. festgesetzten Fristen.

Ausgenommen von der hier festgestellten sechsmonatigen Verjährungsfrist sind die Strafverfolgungen wegen Zuwiderhandlungen gegen die §§ 6. und 8. Für diese bleibt die im § 67. d. StrGB. festgesetzte Verjährungsfrist von fünf Jahren maßgebend.

1) Die StrPrO. (§ 211.) gestattet eine Verhandlung und Entscheidung des Amtsrichters ohne Zuziehung von Schöffen nur bei Übertretungen, und auch bei diesen nur unter der dreifachen Vorbedingung: der Vorführung des Beschuldigten, des Geständnisses desselben und des Einverständnisses der Staatsanwaltschaft. Nach § 19. Abs. 1. des gegenwärtigen Gesetzes soll ohne Rücksicht darauf, ob die Zuwiderhandlung als ein Vergehen oder als eine Übertretung sich darstellt, und ohne Rücksicht auf die anderen Vorbedingungen des § 211. d. StrPrO. die Zuziehung der Schöffen unterbleiben.

Nur in den Fällen der §§ 6. und 8. steht die Verhandlung und Entscheidung dem nach Maßgabe der §§ 25. und 26. d. DGVG. zu bildenden Schöffengerichte zu, für welches übrigens die Vorschriften der §§ 30. ff. daselbst und die Vorschriften der §§ 33. ff. d. PrGVG. gelten.

Durch die Vorschrift des § 19. Abs. 1. ist nicht die Anwendbarkeit der Bestimmung im § 2. Abs. 1. d. StrPrO. ausgeschlossen, vielmehr können Zuwiderhandlungen gegen das Forstdiebstahlsgesetz wegen Zusammenhanges mit einer anderen

Das Amt des Amtsanwalts kann verwaltenden Forstbeamten übertragen werden [2]).

Strafsache auch vor ein Gericht höherer Ordnung gewiesen werden. (RUrt. v. 4. Januar 81. u. 4. März 1886. URStr. Bd. 3. S. 157, u. Bd. 13. S. 383).

2) Über die Befugnis des Amtsanwalts zur Vornahme von Beschlagnahmen und Haussuchungen vgl. Anm.*) zum § 16. Welche Polizei- und Sicherheitsbeamte zu den nach § 98. der StrPrO. zur Vornahme von Beschlagnahmen und nach § 105. daselbst zur Vornahme von Haussuchungen befugten „Hilfsbeamten der Staatsanwaltschaft" gehören sollen, ist in Gemäßheit des § 153. d. DGVG. durch die Landesregierung zu bestimmen. Diese Bestimmung ist getroffen durch die gemeinschaftlichen Erlasse d. Min. d. Innern und des Justizministers v. 15. Sept. 1879 JMBl. S. 349. u. v. 23. November 1881 und durch den gemeinschaflichen Erlaß des Min. des Innern, des Landw. Min. und des Justizministers v. 3. Jan. 1883. Danach sind zu Hilfsbeamten der Staatsanwaltschaft die Beamten des Polizei- u. Sicherheitsdienstes überhaupt und außerdem insbesondere folgende Königliche Forstschutzbeamte bestellt: Revierförster, Hegemeister, Förster, Forstaufseher und Forsthilfsjäger, ferner Waldwärter, welche auf Forstanstellungsberechtigung nach den Bestimmungen des Regulativs v. 1. Oktober 1897 (BMBl. S. 237) dienen, und für ihren Geschäftsbezirk und für die Dauer ihrer Dienstfunktion auch die zeitweilig als Forstpolizeisergeanten in den Städten fungierenden Forstschutzbeamten insofern sie einer der vorstehend bezeichneten Klassen von Forstschutzbeamten entnommen sind. (Vgl. Allg. Vfgen. d. Just. Min. v. 9. Okt. 82 u. 2. Febr. 83. JMBl. S. 312 u. 28). Ferner die Gemeinde-Forstschutzbeamten und Forsthilfsaufseher, welche aus dem Jägerkorps als forstversorgungsberechtigt hervorgegangen sind oder noch auf Forstversorgung dienen und nach den §§ 23 u. 24 des vorliegenden Gesetzes vereidigt werden können (Allgem. Verf. des Just.-, des Landw. Min. und des Min. des Innern v. 3. Jan. 1899 JMBl. S. 9.); ebenso die aus der Klasse der auf Forstversorgung dienenden Jäger hervorgegangenen Meister und Wärter der Forstlichen Nebenbetriebsanstalten, insoweit und solange sie zur Ausübung des Forstschutzes herangezogen werden. (Gem. Verf. des Landw. Min., des Just. Min. und des Min. des Innern

v. 25. April 98 JMBl. S. 102), endlich die Herzoglich Sachsen-Koburg-Gotha'schen Forstschutzbeamten im Kreise Schmalkalden, die Herzoglich Anhaltischen Forstbeamten in den Revieren Pöplitz bei Gräfenhainichen und Norkitten Kreis Insterburg, Luschwitz, Kreis Fraustadt, Stolzenberg, Kreis Landsberg a. W., Rabenstein, Kreis Zauch-Belzig, sowie der im Kreise Genthin bezw. Jerichow I belegenen Teile der Forstreviere Lindau und Steckby und der im Kreise Bitterfeld belegenen Teile der Forstreviere Mosigkauer Heide und Oranienbaumer Heide (Gem. Verf. des Landw. Min., des Justiz-Min. und des Min. des Innern v. 24. Juni 1895, 31. Aug. 1896, u. 13. Jul. 1897. JMBl. S. 248, 303 u. 211).

Über die Befugnisse der zu Hilfsbeamten der Staatsanwaltschaft bestellten Königlichen Forstschutzbeamten ist nachstehende Allgem. Verf. des Landw. Min. u. des Min. des Innern v. 23. Juli 1883 (VMBl. S. 181) ergangen:

1. Nach § 153 des Gerichtsverfassungsgesetzes haben die Hilfsbeamten der Staatsanwaltschaft den Anordnungen der Staatsanwälte bei dem Landgerichte ihres Bezirks und der diesen vorgesetzten Beamten Folge zu leisten. Daneben sind sie aber unter Umständen zu selbständigem Handeln befugt und verpflichtet, insbesondere sind sie nach §§ 98 und 105 der Strafprozessordnung bei Gefahr im Verzuge zu Beschlagnahmen und zur Anordnung von Durchsuchungen (sowohl zum Zwecke der Ergreifung der wegen strafbarer Handlungen Verfolgten als zur Aufsuchung von Beweismitteln) ermächtigt.

Die Bestellung der Forstschutzbeamten zu Hilfsbeamten der Staatsanwaltschaft hat nun, was den sachlichen Umfang der ihnen übertragenen Funktion angeht, zunächst die Zwecke des Forstschutzes im Auge, und soweit es auf selbständiges Handeln in jener Eigenschaft ankommt, haben deshalb jene Beamten ihre Tätigkeit zu beschränken auf die Verfolgung solcher Gesetzwidrigkeiten, welche in dem ihnen im Hauptamte zugewiesenen Schutzbezirke begangen werden und in irgend einer Beziehung zu ihrer hauptamtlichen Tätigkeit stehen, wohin vornehmlich die Verletzungen der Forst-, Jagd-, Feld-, Fischerei- usw. Gesetze zu rechnen sind. Auch die Staatsanwälte werden die Tätigkeit der Forstschutzbeamten der Regel nach nur wegen strafbarer Handlungen dieser Art in Anspruch nehmen, doch bleibt es deren Ermessen überlassen, auch in anderen Fällen, wo ihnen solches aus besonderen Gründen erwünscht scheint, der Forstschutzbeamten neben den ihnen sonst zur Verfügung stehenden Hilfsbeamten, oder anstatt dieser, sich zu bedienen, und auch auf solche Fälle erstreckt sich die Verpflichtung der Forstschutzbeamten, den Anordnungen der Staatsanwälte Folge zu geben.

2. Anlangend die örtliche Zuständigkeit der Forstschutzbeamten als Hilfsbeamten der Staatsanwaltschaft, so versteht es sich, dass dieselben durch einen Auftrag des Staatsanwalts die Befugnis erlangen, auch ausserhalb ihres eigenen Schutzbezirks tätig zu werden. Dagegen beschränkt sich die Befugnis zu selbständigem Handeln in der Regel auf den Schutzbezirk des einzelnen Beamten. Eine Ausnahme von dieser Regel ergibt sich aus dem Rechte der Nacheile und aus analoger Anwendung des § 167 des Gerichtsverfassungsgesetzes, wonach ein Gericht Amtshandlungen ausserhalb seines Bezirks ohne Zustimmmung des Amtsgerichts des Ortes nur vornehmen darf, wenn Gefahr im Verzuge obwaltet, in welchem Falle dem Amtsgerichte des Orts Anzeige zu machen ist. In entsprechendem Sinne ist anzunehmen, dass die in Rede stehenden Beamten, sofern es sich um Zuwiderhandlungen gegen die Strafgesetze handelt, gegen welche sie nach dem zu 1 Gesagten selbständig einzuschreiten haben, auch ausserhalb ihres Dienstbezirks Beschlagnahmen und Durchsuchungen selbständig vornehmen können, jedoch nur dann, wenn sie in der Verfolgung des Täters (unmittelbar oder nach seinen Spuren) begriffen sind und wenn zugleich die bei einer Verzögerung der Massregel obwaltende Gefahr der Erfolglosigkeit so dringlich ist, dass nicht nur ein Antrag bei dem zuständigen Richter, sondern auch eine vorherige Verständigung mit der Ortspolizeibehörde nicht angängig ist. Auch in einem solchen Falle ist aber, und zwar baldmöglichst, der Ortspolizeibehörde Anzeige zu machen.

Die Befugnis zur Vornahme von Amtshandlungen im Gebiete eines andern Bundesstaats beschränkt sich übrigens auf die nach § 168 des Gerichtsverfassungsgesetzes statthafte Verfolgung und Ergreifung

Flüchtiger. Insbesondere haben die Forstschutzbeamten durch ihre Bestellung zu Hilfsbeamten der Staatsanwaltschaft nicht die Befugnis zur Vornahme von Haussuchungen im Gebiete anderer Bundesstaaten erlangt, müssen hierzu vielmehr nach wie vor die dort zuständigen Behörden in Anspruch nehmen.

3. Der Herr Justizminister hat sich bereit erklärt, die Staatsanwälte dahin anzuweisen, dass diese ihre Aufträge an die Forstschutzbeamten der Regel nach unter der Adresse der betreffenden Oberförster, und nur aus besonderen Gründen, wie namentlich in solchen Fällen besonderer Dringlichkeit unmittelbar an die Forstschutzbeamten erlassen, in welchen zu besorgen, dass der Umweg durch die Hand des Oberförsters den Auftrag an den Forstschutzbeamten wirkungslos machen könnte. In letzterem Falle hat der Forstschutzbeamte selbst dem Oberförster von dem ihm gewordenen Auftrage so bald als möglich Anzeige zu machen. Die Oberförster haben die unter ihrer Adresse eingehenden Aufträge der Staatsanwälte den beauftragten Forstschutzbeamten ungesäumt zuzustellen. Glaubt ein Oberförster, dass durch einen Auftrag des Staatsanwalts an die Forstschutzbeamten das Interesse des Forstdienstes geschädigt werde, so hat er der vorgesetzten Regierung (Finanz-Direktion) zu berichten. Die Ausführung des vom Staatsanwalt einmal erteilten Auftrages darf jedoch aus diesem Grunde in keinem Falle verweigert oder verzögert werden.

4. Die Forstschutzbeamten haben bei Erledigung von Aufträgen der Staatsanwälte die Liquidation der etwa zu beanspruchenden Tagegelder und Reisekosten dem auftraggebenden Staatsanwalt zur Zahlbarmachung einzureichen. Doch dürfen bei Ausrichtung solcher Aufträge innerhalb des eigenen Schutzbezirkes Tagegelder und Reisekosten in keinem Falle verlangt werden. Soweit ein Forstschutzbeamter als Hilfsbeamter der Staatsanwaltschaft selbständig tätig wird, ist dies als eine Tätigkeit in seinem Hauptamte anzusehen, wofür Tagegelder usw. grundsätzlich nicht gewährt werden.

Eine gleichlautende Verf. ist für die zu Hilfsbeamten der Staatsanwaltschaft bestellten Gemeindeforstbeamten der Rheinprovinz erlassen. Allgem. Verf. d. Min. d. Innern u. d. Landw.-Min. v. 6. Aug. 1892.

Über die Befugnis des Amtsanwalts zu vorläufigen Festnahmen verordnen die §§ 127. 128. der StrPrO. folgendes:

Während jedermann den auf frischer Tat betroffenen oder verfolgten Täter, sofern dieser der Flucht verdächtig ist, oder sofern seine Persönlichkeit nicht sofort festgestellt werden kann, vorläufig festnehmen darf, sind die Beamten der Staatsanwaltschaft (also auch der Amtsanwalt) und alle Polizei- und Sicherheitsbeamten (hier ohne die Einschränkung, daß sie zugleich Hilfsbeamte der Staatsanwaltschaft sind) außerdem zur vorläufigen Festnahme auch dann befugt, wenn die Voraussetzungen eines richterlichen Haftbefehls vorliegen **und** Gefahr im Verzuge obwaltet.

Voraussetzung jedes richterlichen Haftbefehls ist zunächst das Vorhandensein dringender Verdachtsgründe. Die weiteren Voraussetzungen eines richterlichen Haftbefehls sind verschieden (vgl. StrPrO. § 112. 113.), je nachdem die Tat nur mit Haft oder Geldstrafe oder mit einer anderen Strafe (z. B. Gefängnis, Einziehung) bedroht ist. Im ersteren Falle ist der Haftbefehl nur zugelassen, wenn der Täter der Flucht verdächtig ist und zugleich entweder unter Polizeiaufsicht steht, oder ein Ausländer ist, von dem angenommen werden kann, daß er der gerichtlichen Ladung oder dem Urteile nicht Folge leisten werde. Im zweiten Falle ist der Haftbefehl schon zugelassen, wenn entweder Fluchtverdacht besteht oder Tatsachen vorliegen, aus denen zu schließen ist, daß der Täter die Spuren der Tat vernichten, oder Zeugen oder Mitschuldige zu einer falschen Aussage verleiten, oder Zeugen dazu verleiten werde, sich der Zeugnispflicht zu entziehen.

In allen Fällen muß der vorläufig Festgenommene, sofern er nicht wieder in Freiheit gesetzt wird, unverzüglich dem Amtsrichter des Bezirks, in welchem die Festnahme erfolgt ist, vorgeführt werden.

Steckbriefe darf der Amtsanwalt nur auf Grund richterlichen Haftbefehls erlassen. (Vgl. StrPrO. §§ 131. 132.)

Im übrigen vgl. wegen der Amtsanwälte: DGVG. § 143. Nr. 3. 145. 146. Abs. 2. 147. 148. 151. bis 153. PrGVG. §§ 62. ff. und die (inzwischen allerdings in verschiedenen Punkten abgeänderte) Geschäftsanweisung für die Amts-

Für die Verhandlung und Entscheidung über das Rechtsmittel der Berufung sind die Strafkammern [3]) zuständig; dieselben entscheiden in der Besetzung mit drei Mitgliedern [4]) einschließlich des Vorsitzenden.

§ 20.

Für das Verfahren gelten, soweit nicht in diesem Gesetze abändernde Bestimmungen getroffen sind, die Vorschriften der Strafprozeßordnung über das Verfahren vor den Schöffengerichten [1]) [2]).

---

anwälte vom 28. August 1879., JMBl. S.260. ff. (Zu Forstamtsanwälten bestellte Forstbeamte haben die Urlaubs-Gesuche mit Briefumschlag durch den Ersten Staatsanwalt an die Regierung einzusenden. Erl. des Just. Min. vom 17. Febr. 1881 und des Landw. Min. v. 4. März 1881.)

3) d. h. die bei den betreffenden Landgerichten gebildeten Strafkammern; die Zuständigkeit der sogen. detachierten Strafkammern ist durch eine ausdrückliche Anordnung der Landesjustizverwaltung bedingt. (Vgl. DGVG. 78.) Diese Anordnung ist erlassen durch die Verfgg. des Justiz-Ministers vom 25. Juli 1879. (JMBl. S. 207. bis 209.). Danach sind nun auch die bei den Amtsgerichten gebildeten (sogen. auswärtigen oder detachierten) Strafkammern zuständig.

4) Bei Untersuchungen, für die das in der StrPrO. vorgeschriebene Verfahren maßgebend ist, entscheiden die Strafkammern regelmäßig in der Besetzung mit fünf Mitgliedern; eine Besetzung mit drei Mitgliedern ist dort nur als Ausnahme zugelassen für die Berufungsinstanz bei Übertretungen (DGVG. § 77.). Nach dem gegenwärtigen FDG. entscheiden die Berufungskammern stets in der Besetzung mit drei Mitgliedern, also ohne Unterschied, ob ein Vergehen oder eine Übertretung in Frage ist, und ohne Rücksicht darauf, ob in erster Instanz der Amtsrichter mit oder ohne Zuziehung von Schöffen (§ 19. Abs. 1.) verhandelt und entschieden hat.

1) Zu diesen Vorschriften der Strafprozeßordnung gehören sowohl die Sonderbestimmungen, welche ausschließlich für das schöffengerichtliche Verfahren, als auch die allgemeinen Bestimmungen, welche für alle Arten des Verfahrens gegeben sind.

Sonderbestimmungen für das schöffengerichtliche Verfahren sind enthalten in:

§ 140. (Das schöffenger. Verfahren kennt keine notwendige Verteidigung);

§§ 176 u. 200. (Im schöffenger. Verfahren ist eine gerichtliche Voruntersuchung unzulässig.)

§ 198. (Im schöffenger. Verfahren werden die Ergebnisse der Vorermittelungen in die Anklageschrift nicht aufgenommen);

§ 199. (Im schöffenger. Verfahren findet der sonst vorgeschriebene Verteidigungstermin nicht statt);

§ 207. (Der Amtsrichter hat, wenn er vor Eröffnung des Hauptverfahrens findet, daß die Sache die Zuständigkeit des Schöffengerichts übersteigt, die Akten durch Vermittelung der Staatsanwaltschaft dem Landgerichte zur Entscheidung vorzulegen);

§ 211. (Unter gewissen Voraussetzungen ist in dem schöffenger. Verfahren eine schriftliche Anklage und eine Entscheidung über die Eröffnung des Hauptverfahrens entbehrlich);

§ 244. (Im schöffenger. Verfahren bestimmt das Gericht den Umfang der Beweisaufnahme, ohne durch Anträge, Verzichte oder frühere Beschlüsse gebunden zu sein);

§ 264. (Im schöffenger. Verfahren kann der Angeklagte aus einer nachträglich hervorgetretenen Änderung der Sachlage nicht ein Recht auf die Vertagung der Hauptverhandlnng herleiten);

§ 270. (Wenn das Schöffengericht in der Hauptverhandlung seine Unzuständigkeit durch Beschluß ausspricht, so hat dieser Beschluß nicht ohne Weiteres die Wirkung eines das Hauptverfahren vor dem Gerichte höherer Ordnung eröffnenden Beschlusses; vielmehr steht dem Angekl. zunächst das Recht zu, einzelne Beweiserhebungen noch vor der Hauptverhandlung zu beantragen);

§ 271. (Bei dem Hauptverhandlungs-Protokolle im schöffenger. Verfahren genügt die Unterschrift des Gerichtsschreibers, wenn der Richter zu schreiben verhindert ist);

§ 273. (Das Protokoll über die Hauptverhandlung vor dem Schöffengericht muß neben den sonstigen Erfordernissen auch die wesentlichen Ergebnisse der Vernehmungen enthalten);

§ 275. (Das vom Schöffengericht erlassene Urteil braucht nur von dem Amtsrichter unterschrieben zu werden; die Unterschrift der Schöffen ist nicht erforderlich);

§ 332. (Vermögensbeschlagnahme gegen Abwesende findet in Sachen, die zur Zuständigkeit der Schöffengerichte gehören, nicht statt);

§§ 354—373 (Vorschriften über die Berufung, ein Rechtsmittel, das nur gegen die Urteile der Schöffengerichte zugelassen ist);

§ 380. (Die Revision wegen Verletzung einer Rechtsnorm über das Verfahren kann nur auf Verletzung des § 398. gestützt werden);

§ 399. (Die Wiederaufnahme eines durch rechtskräftiges Urteil geschlossenen Verfahrens zu Gunsten des Verurteilten findet aus dem Grunde neu beigebrachter Tatsachen oder Beweismittel nur soweit statt, als der Verurteilte die Tatsachen oder Beweismittel in dem früheren Verfahren einschließlich der Berufungsinstanz nicht gekannt hatte, oder ohne Verschulden nicht geltend machen konnte);

§§ 447—452. (Vorschriften über das Verfahren bei amtsrichterlichen Strafbefehlen, ein Verfahren, das nur in den zur Zuständigkeit der Schöffengerichte gehörigen Sachen stattfindet);

§ 483. (Während die Strafvollstreckung im übrigen zur Zuständigkeit der Staatsanwaltschaft gehört, kann sie in den zur Zuständigkeit der Schöffengerichte gehörigen Sachen den Amtsrichtern übertragen werden.)

Das Verfahren auf Grund des gegenwärtigen Forstdiebstahlsgesetzes bestimmt sich also dahin:

In erster Linie gelten die in diesem Gesetze gegebenen Vorschriften; in zweiter Linie (d. h.: soweit nicht die Vorschriften dieses Gesetzes abändernd eingreifen), gelten die Sonderbestimmungen d. StrPrO. über das Verfahren vor den Schöffengerichten; in dritter Linie (d. h.: soweit nicht die Vorschriften dieses Gesetzes, oder die Sonderbestimmungen der StrPrO. über schöffengerichtliches Verfahren abändernd eingreifen), gelten die allgemeinen Bestimmungen d. StrPrO.

Vgl. auch § 36 der Geschäftsordnung für die Gerichtsschreibereien der Amtsgerichte vom 26. Nov. 1899 (JMBl. S. 394).

§ 21.

Der Gerichtsstand ist nur bei demjenigen Amtsgerichte begründet, in dessen Bezirke die Zuwiderhandlung begangen ist[1]).

Ist der Ort der begangenen Zuwiderhandlung nicht zu ermitteln, oder ist die Zuwiderhandlung außerhalb des Preußischen Staatsgebietes begangen, so bestimmt der Gerichtsstand sich nach den Vorschriften der Strafprozeßordnung[2]).

---

2) Über die Kosten bestimmt § 121 des preuß. Gerichtskostengesetzes v. $\frac{\text{25. Juni 1895. Ges.-S. S. 203}}{\text{6. Okt. 1899, Ges.-S. S. 235.}}$

Die auf die Kosten in Strafsachen bezüglichen Vorschriften des deutschen Gerichtskostengesetzes finden auf die nach dem Gesetze v. 15. April 1878, betr. den Forstdiebstahl (Ges.-S. S. 222) zu behandelnden Strafsachen mit folgenden Massgaben Anwendung:

1. Ist nicht auf Grund der §§ 6, 8 des Gesetzes v. 15. April 1878 auf Strafe erkannt worden, so werden für jede Instanz, in welcher eine Hauptverhandlung stattgefunden hat, vier Zehntheile der Sätze des § 62 des deutschen Gerichtskostengesetzes erhoben.

2. Ist in Fällen, in welchen der Erlass des Strafbefehls zulässig ist, ohne Erlass eines solchen zur Hauptverhandlung geschritten und die Verurtheilung auf sofortiges Geständniss ohne Beweisaufnahme erfolgt, so werden in erster Instanz zwei Zehntheile der Sätze des § 62 erhoben.

3. Ist nach § 17 des Gesetzes vom 15. April 1878 durch Strafbefehl oder Urtheil auf die Einziehung von Holz erkannt, so ist der Werth des Holzes an Stelle der Strafe für die Höhe der Gebühr massgebend, die Gebühr beträgt jedoch in jeder Instanz höchstens 5 Mark.

1) Vgl. § 19, Anm. 1, Abs. 3.

2) Die Vorschrift im Abs. 2 stellt zugleich den Einklang mit den vertragsmäßig zwischen Preußen und verschiedenen Nachbarstaaten getroffenen Vereinbarungen her, wonach Forstdiebstähle, die von diesseitigen Staatsangehörigen in den Gebieten jener Staaten verübt werden, ebenso zu bestrafen sind, als wenn sie in Preußen verübt worden wären.

Die in Bezug genommenen Vorschriften der Strafprozeßordnung sind in den §§ 8. u. 9 enthalten und lauten wie folgt:

§ 8.

Der Gerichtsstand ist auch bei demjenigen Gerichte begründet, in dessen Bezirk der Angeschuldigte zur Zeit der Erhebung der Klage seinen Wohnsitz hat.

Hat der Angeschuldigte seinen Wohnsitz im Deutschen Reiche nicht, so wird der Gerichtsstand auch durch den gewöhnlichen Aufenthaltsort und, wenn ein solcher nicht bekannt ist, durch den letzten Wohnsitz bestimmt.

§ 9.

Wenn die strafbare Handlung im Auslande begangen und ein Gerichtsstand in Gemässheit des § 8 nicht begründet ist, so ist dasjenige Gericht zuständig, in dessen Bezirk die Ergreifung erfolgt. Hat eine Ergreifung nicht stattgefunden, so wird das zuständige Gericht vom Reichsgerichte bestimmt.

Gleiches gilt, wenn eine strafbare Handlung im Inlande begangen ist, jedoch weder der Gerichtsstand der begangenen That noch der Gerichtsstand des Wohnsitzes ermittelt ist.

Ausland ist jedes nicht zum Deutschen Reiche gehörige Gebiet. Durch Verträge v. 21. März 1842 (Ges. S. S. 112) und v. 15. Jan. 1848 (Ges. S. S. 29) ist zwischen Preußen und Österreich, durch Vertrag v. 9. Febr. 1849 (Ges. S. S. 131) zwischen Preußen und Luxemburg und durch Vertrag v. 29. April 1885 (RGesBl. S. 251) zwischen dem Reiche und Belgien die gegenseitige Verfolgung der Forst- usw. Frevel vereinbart. Die früher mit den meisten jetzt zum Deutschen Reiche gehörigen Staaten abgeschlossenen Verträge betr. der Verfolgung von Holzfreveln haben ihre Bedeutung dadurch verloren, daß das DGVG. im § 158 bestimmt:

Die Sicherheitsbeamten eines Bundesstaates sind ermächtigt, die Verfolgung eines Flüchtigen auf das Gebiet eines anderen Bundesstaates fortzusetzen und den Flüchtigen daselbst zu ergreifen.

Der Ergriffene ist unverzüglich an das nächste Gericht oder die nächste Polizeibehörde des Bundesstaates, in welchem er ergriffen wurde, abzuführen.

Im Falle des § 17. ist der Gerichtsstand bei demjenigen Amtsgerichte begründet, in dessen Bezirke das Holz gefunden worden ist[3]).

§ 22.

In dem Verfahren vor dem Amtsgerichte[1]) werden sämmtliche Zustellungen durch den Amtsrichter unmittelbar veranlaßt. Die Formen für den Nachweis der Zustellungen werden durch die Justizverwaltung bestimmt[2]).

Insbesondere sind die Forstschutzbeamten berechtigt, die wegen Verübung eines Jagd- oder Forstfrevels auf frischer Tat verdächtigen Personen über die Grenze in ein fremdes Bundesgebiet zu verfolgen und daselbst behufs Feststellung ihrer Persönlichkeit zu ergreifen (RUrt. v. 9. Dez. 86. URStr. Bd. 8 S. 735). Dagegen sind sie nicht berechtigt, dort Durchsuchungen oder Beschlagnahmen vorzunehmen (RUrt. vom 19. Nov. 1894 URStr. Bd. 26. S. 211).

3) In Ermangelung der Vorschrift des Abs. 3. würde die Bestimmung des § 477. d. StrPrO. Platz greifen. Danach würde für den Gerichtsstand zunächst der Wohnsitz, sodann der gewöhnliche Aufenthalt und der letzte Wohnsitz des Holzinhabers den Ausschlag geben, und erforderlichen Falls die Entscheidung des Reichsgerichts nachzusuchen sein. Aus Zweckmäßigkeitsgründen hat hier das Gesetz den Gerichtsstand nach dem Orte bestimmt, wo das Holz gefunden wird.

1). Für das Verfahren vor dem Berufungsgericht und dem Revisionsgericht bewendet es bei den allgemeinen Bestimmungen der StrPrO.

2 Die Vorschrift schließt sich den Bestimmungen der §§ 36. Abs. 2. und 39. der StPrO. an. Die einfacheren Formen für den Nachweis der Zustellung, die dort nur für das Vorverfahren und die Strafvollstreckung zugelassen sind, werden hier aus Zweckmäßigkeitsgründen auch für das Hauptverfahren zugelassen. Entsprechende Bestimmungen wurden vom Justiz-Minister erlassen durch die Allgem. Vfgg. v. 16. Juli 1879 (JMBl. S. 194), aber, nachdem das Zustellungsverfahren inzwischen überhaupt vereinfacht war, später wieder aufgehoben (vgl. JMBl. v. 18. März 1882 u. v. 10. Dez. 1899 JMBl. S. 53 u. 728) bis auf die darin unter II ent-

§ 23.

Personen, welche mit dem Forstschutze betraut sind, können, sofern dieselben eine Anzeigegebühr nicht empfangen, ein für allemal gerichtlich beeidigt werden[1]**, wenn sie:**

1. Königliche Beamte sind[2]**, oder**

---

haltenen. Diesen wurde aber durch die Allgem. Verf. des Just. Min. v. 10 Dez. 1899 § 17 (JMBl. S. 728) folgende Fassung gegeben:

Bei der Zustellung des Strafbefehls in dem Verfahren wegen Zuwiderhandlungen gegen das Ges. betr. den Forstdiebstahl v. 15. Apr. 1878 wird die Übereinstimmung der dem Gerichtsdiener oder der Post ausgehändigten Ausfertigungen mit den vom Amtsrichter erlassenen Strafbefehlen vom Gerichtsschreiber in den Akten bescheinigt. Erfolgt die Zustellung durch den Gerichtsdiener, so kann die Zustellungsurkunde in tabellarischer Form aufgenommen werden, sie ist dann mit der Bescheinigung zu verbinden."

Im übrigen bestehen für das vorliegende Gesetz keine besonderen Vorschriften hinsichtlich der Zustellung mehr. (Vgl. über die von Amts wegen zu bewirkenden Zustellungen die allgem. Verf. des Just. Min. v. 10. Dez. 1899 u. v. 12. Sept. 1900 JMBl. S. 728 und 564).

1) Darüber, ob die gesetzlichen Voraussetzungen der Beeidigung [Fernhaltung jeder Anzeigegebühr, Amtseigenschaft (Abs. 1. Nr. 1), persönliche Befähigung und Vertragsverhältnis (Abs. 1. Nr. 2. 3.), Genehmigung durch den Bezirksausschuß (Abs. 2.)] vorliegen, entscheidet das Amtsgericht, das nach § 24. die Beeidigung vorzunehmen hat. Insbesondere wird ihm seine Befugnis zur Prüfung und Entscheidung nicht dadurch entzogen, daß der Bezirksausschuß seine Genehmigung nach Abs. 2. erteilt hat. (Erl. des Min. des Innern v. 24. Febr. 1891 VMBl. S. 47). Beschwerden über Entscheidungen, wodurch die Beeidigung abgelehnt wird, finden ihre Erledigung im Aufsichtswege und sind zunächst an den Präsidenten des Landgerichts, weiter an den Präsidenten des Oberlandesgerichts und schließlich an den Justizminister zu richten. (PrGVG. §§ 78. 85.)

2) Mit dem Forstschutze beauftragte Königliche Beamte sind:

A. die dem Landwirtschaftsminister unterstellten Forstbeamten der Staatsverwaltung und zwar:

2. **vom Waldeigenthümer auf Lebenszeit oder nach einer vom Landrath (Amtshauptmann[3]), Oberamt=**

---

a) die Inhaber etatsmäßiger Oberförsterstellen, die nach § 91. der Geschäfts=Anweisung für die Oberförster v. 4. Juni 1870 (BMBl. 71. S. 69) verpflichtet sind, „soweit es für diesen Zweck (d. h. eine sachgemäße Leitung und Überwachung des Forstschutzes überhaupt) und die Sicherheit der Verwaltung erforderlich ist, sich selbst bei der Ausübung des Forst= und Jagdschutzes persönlich zu beteiligen“;

b) die Inhaber etatsmäßiger Förster=, Hilfsförster= und Waldwärterstellen, mögen sie den Amtstitel Revierförster (d. h. Förster, die neben ihren Amtsgeschäften in einem bestimmten Schutzbezirke noch in einem oder mehreren anderen Schutzbezirken mit der Vertretung des Oberförsters in gewissen Geschäften betraut sind), Hegemeister, Förster, Hilfsförster, Waldwärter führen. (Vgl. Dienstinstruktion für Förster v. 23. Okt. 1868 §§ 37 u. 71).

c) die Forstassessoren und Forstreferendare, sobald sie sich nach irgend einer Richtung hin in der Ausübung ihres Dienstes befinden. (Vgl. die §§ 15. 17. 30. 31. der Bestimmungen über die Vorbereitung für den Königlichen Forstverwaltungsdienst v. 25. Jan. 1903 und Erl. des Land. Min. v. 28. Sept. 1886 BMBl. S. 213, RUrt. v. 21./23. Dez. 1885. URStr. S. 125);

d) die im Besitze des Forstversorgungsscheines befindlichen Anwärter auf Forstschutzbeamtenstellen, welche vom Jäger=Korps verabschiedet sind und den allgemeinen Staatsdienereid geleistet haben, auch wenn sie noch nicht Inhaber einer etatsmäßigen Stelle sind, sondern als Forstaufseher beschäftigt werden (§ 34. der Bestimmungen v. 1. Okt. 1897).

B) Die in anderen Staatsverwaltungszweigen, namentlich in Bereiche des Ministeriums der geistlichen usw. Angelegenheiten angestellten oder beschäftigten gleichartigen Forstbeamten;

C) die im Bereiche der Königl. Hofkammer der Königl. Familiengüter angestellten oder beschäftigten gleichartigen Forstbeamten; RUrt. v. 9. Okt. 1885, URSt. Bd. 12. S. 419.

3) Nach § 26 der Kreisordnung für Hannover v.

mann) bescheinigten dreijährigen tadellosen Forstdienstzeit auf mindestens drei Jahre mittels schriftlichen Vertrags angestellt sind, oder

3. zu den für den Forstdienst bestimmten oder mit Forstversorgungsschein entlassenen Militärpersonen [4]) gehören.

In den Fällen der Nr. 2. und 3. ist die Genehmigung des Bezirksraths [5]) erforderlich [6]). [In denjenigen Landestheilen, in welchen das Gesetz vom 26. Juli

---

6. Mai 1884 (Ges. S. S. 181) ist an die Stelle des Amtshauptmannes der Landrat getreten.

4) Für den Forstdienst bestimmte Militärpersonen sind:

a) die Offiziere des Reitenden Feldjäger-Korps (Dienstvorschriften vom 30. Nov. 1899),

b) die zum Dienst auf Forstanstellungsberechtigung verpflichteten Jäger der Klasse A, einschließlich der Reservejäger Klasse A, welche den Abschied vom Jäger-Korps noch nicht erhalten und den Staatsdienereid noch nicht geleistet haben.

5) Jetzt des Bezirksausschusses (Vgl. Ges. über die allgem. Landesverwaltung v. 30. Juli 1883, Ges. S. S. 195).

6) Dieser Genehmigung bedarf es nicht:

a) für die zu den Forstreferendaren oder Forstassessoren gehörenden Mitglieder des Reitenden Feldjäger-Korps (Erl. des Landw.-Min. v. 23. März 1896, § 34 der Bestimmungen usw. v. 25. Jan. 1903; wohl aber ist die Genehmigung des Kommandos des Korps erforderlich, § 14. der Dienstvorschriften vom 30. Nov. 1899).

b) Für die zur forstlichen Beschäftigung beurlaubten Oberjäger und Jäger der Klasse A, deren gerichtliche Beeidigung auf Grund des Urlaubspasses oder des Militärpasses geschehen kann (§ 16. der Bestimmungen usw. v. 1. Okt. 1897 und Erl. des Landw.-Min. v. 15. Jan. 1896).

c) Für diejenigen Reservejäger der Klasse A, denen vom Staate die Ausübung des Forstschutzes im Königl. Forstdienste übertragen ist. Erl. des Landw.-Min. v. 28. Feb. 1893.

1876 (Ges.-Sammlung S. 297) nicht gilt, tritt an die Stelle des Bezirksraths die Regierung (Landdrostei)[7])].

§ 24.

Die Beeidigung erfolgt bei dem Amtsgerichte, in dessen Bezirk der zu Beeidigende seinen Wohnsitz hat, dahin:

daß er die Zuwiderhandlungen gegen dieses Gesetz, welche den seinem Schutze gegenwärtig anvertrauten oder künftig anzuvertrauenden Bezirk betreffen, gewissenhaft anzeigen, bei seinen gerichtlichen Vernehmungen über dieselben nach bestem Wissen die reine Wahrheit sagen, nichts verschweigen und nichts hinzusetzen, auch die ihm obliegenden Schätzungen unparteiisch und nach bestem Wissen und Gewissen bewirken werde[1]).

---

7) An die Stelle des Ges. v. 26. Juli 1876 ist das Ges. über die allgem. Landesverwaltung v. 30. Juli 1883 getreten. Nachdem dieses Ges. auch in die früher davon ausgeschlossen gewesenen Provinzen eingeführt ist, wird die Genehmigung überall vom Bezirksausschuß erteilt. Der letzte Satz des § ist daher gegenstandlos geworden.

1) Der Eid ist nicht mit dem Amtseide (Diensteid) identisch; er ist aber — von der im § 25 behandelten Wirksamkeit abgesehen — für das Recht des Waffengebrauchs von Bedeutung. Vgl. § 1 d. Ges. v. 31. März 1837 (Ges. Samml. S. 65.) und Min. Erl. v. 17. April 1837 und v. 21. Nov. 1837 sowie Erl. des Landw. Min. v. 14. Juli 1897 und des Min. des Innern v. 1. Sept. 1897 (BMBl. S. 175. u. 193). Ebenso auch für die Anwendbarkeit des § 117. des StGB. (vgl. RUrt. v. 1. Okt. 1880, 3. Juni 1881, 19. Febr. 1884, URStr. Bd. 2 S. 306, Bd. 4. S. 214, Bd. 10. S. 106; KUrt. v. 15. März 1900 Joh. Bd. 20. S. C. 25). Durch die Vereidigung kann zwar der Beeidigte die Eigenschaft eines öffentlichen Beamten erlangen, daraus allein folgt dann aber noch nicht das Recht zur Anordnung von Durchsuchungen (RUrt. v. 29. Jan. 1886 URStr. Bd. 13. S. 270; vgl. oben Anm. 2. zu § 19. S. 56).

Die Verpflichtung der Ausübung des Forstschutzes ist für die Beamten der Staatsforstverwaltung nicht auf den besonders

Eine Ausfertigung des Beeidigungsprotokolls wird den Amtsgerichten mitgetheilt, in deren Bezirk der dem Schutze des Beeidigten anvertraute Bezirk liegt.

überwiesenen Schutzbezirk beschränkt. Die Dienstinstr. vom 23. Okt. 1868 bestimmt:

§ 37. [1. Geschäftskreis im allgemeinen.] Der Förster hat den ihm anvertrauten Schutzbezirk vor unrechtmässiger Benutzung und gegen Entwendungen und Beschädigungen zu beschützen, in demselben die Befolgung der Forst- und Jagdpolizeigesetze zu überwachen, die Hauungen, Kulturen und sonstigen Waldgeschäfte nach Anweisung des Oberförsters auszuführen, und ausschliesslich alle abzugebenden Waldprodukte, jedoch nur auf schriftliche Anweisung, an die Empfänger zu verabfolgen. Den Forst- und Jagdschutz hat er auch in anderen Königlichen nicht zu seinem Schutzbezirke gehörenden Waldungen nach Maassgabe der Bestimmungen im § 40, 3. Absatz auszuüben. Von den zu seiner Wahrnehmung oder Kenntnis gelangenden Zuwiderhandlungen gegen die Forst- und Jagdpolizei-Gesetze in nicht Königlichen Forst- und Jagdbezirken hat er seinem Vorgesetzten Anzeige zu erstatten.

§ 40. Abs. 3. Die Verpflichtung zur Ausübung des Forst- und Jagdschutzes erstreckt sich übrigens nicht allein auf den speziell überwiesenen Geschäfts- und Schutzbezirk, sondern auch auf sämtliche angrenzende Schutzbezirke und alle diejenigen Königlichen Forsten, welche er auf dem Wege von seiner Wohnung nach seinem besonderen Geschäftsbezirke, oder auf dem Wege zum Oberförster oder zum Forstgerichte berührt. Er hat alle diese Forsten als seinem Schutze überwiesen zu betrachten, und ist ausserdem verpflichtet, seinen Amtsgenossen aus angrenzenden Schutzbezirken mit Rat und Tat beizustehen, und auch deren zeitweise Vertretung auf Anweisung seines Vorgesetzten zu übernehmen, sowie bei den vom Oberförster angeordneten gemeinschaftlichen Forst- und Jagdschutz-Patrouillen in anderen Schutzbezirken mitzuwirken.

Die Formel des Eides ist in der Fassung den Eidesformeln in den §§ 61. u. 79. d. StrPrO. angepaßt.

§ 25.

Ist eine in Gemäßheit der vorstehenden Bestimmungen oder nach den bisherigen gesetzlichen Vorschriften zur Ermittelung von Forstdiebstählen beeidigte Person als Zeuge oder Sachverständiger zu vernehmen, so wird es der Eidesleistung gleich geachtet, wenn der zu Vernehmende die Richtigkeit seiner Aussage unter Berufung auf den ein für allemal geleisteten Eid versichert[1]).

Diese[2]) Wirkung der Beeidigung hört auf, wenn gegen den Beeidigten eine die Unfähigkeit zur Bekleidung

---

1) Die Vorschrift des § 31 des HDG. 2. Juni 52, wonach die Angaben vereideter Forstbeamten „Beweiskraft bis zum Gegenbeweise" haben sollen, ist mit den Grundsätzen einer freien richterlichen Beweiswürdigung (vgl. § 260 StrPrO.) unvereinbar, und deshalb in dieses Gesetz nicht aufgenommen worden. Der § 25 beschränkt sich auf eine Regelung der Form, in der die ein- für allemal beeidigten Forstbeamten in Forstdiebstahlsuntersuchungen ihr Zeugnis oder sachverständiges Gutachten eidlich zu bekräftigen haben. Es soll die „Berufung auf den ein- für allemal geleisteten Eid" der körperlichen „Eidesleistung gleichgeachtet" werden. Die Strafprozeßordnung läßt die Berufung auf einen „ein- für allemal geleisteten" Eid nicht gelten. Eine darauf abzielende, in dem Entwurf zur StrPrO. (§ 56) enthaltene Bestimmung: „Legt ein öffentlicher Beamter über Gegenstände, welche sein Amt unmittelbar betreffen, Zeugnis ab, so kann es der Eidesleistung gleich geachtet werden, wenn der Zeuge die Richtigkeit seiner Aussage unter Berufung auf seinen Diensteid versichert", wurde vom Reichstag gestrichen. Dabei wurde für Forstrügesachen das Bedürfnis einer solchen Bestimmung ausdrücklich anerkannt, und es wurde festgestellt, daß auf Grund des § 3 d. Einführungsgesetzes zur StrPrO. die Landesgesetzgebung nach dieser Richtung hin freie Hand behalten sollte. (Protokolle der Reichstags-Kommission z. StrPrO. S. 59. 60. 857. 858.)

2) Andere Wirkungen der Beeidigung, namentlich solche, welche etwa von anderen Gesetzen an eine in Gemäßheit der §§ 23. 24 dieses Gesetzes vorgenommene Beeidigung der Forstbeamten geknüpft sind (vgl. Anm. 1 zu § 24), werden

öffentlicher Aemter nach sich ziehende Verurtheilung ergeht, oder die in Gemäßheit des § 23 ertheilte Genehmigung zurückgezogen wird.

§ 26.

Die mit dem Forstschutze betrauten Personen erstatten ihre Anzeigen an den Amtsanwalt schriftlich und periodisch. Sie haben zu diesem Zwecke Verzeichnisse zu führen, in welchen die einzelnen Fälle unter fortlaufenden Nummern zusammenzustellen sind [1]). Die Verzeichnisse werden dem Amtsanwalt in zwei Ausfertigungen eingereicht [2]). In diese Verzeichnisse können von dem Amtsanwalt auch die anderwärts eingehenden Anzeigen eingetragen werden [3]).

---

durch die Vorschrift des Abs. 2 nicht ohne weiteres beseitigt. Es hat hier nur Fürsorge dahin getroffen werden sollen, daß beim Eintritt der Voraussetzungen des Abs. 2 die Befreiung von der körperlichen Eidesleistung aufhört.

Die Frage, ob durch den Eintritt der Voraussetzungen des Abs. 2 eine Dienstherrschaft die Befugnis zur Entlassung eines lebenslänglich angestellten Forstbeamten erlangt (HDG. 2. Juni 52 § 35), ist nach allgemeinen Rechtsgrundsätzen zu entscheiden.

1) Die bei einem Forstdiebstahle (als Mittäter, Teilnehmer, Begünstiger oder Hehler oder als Haftpflichtige) beteiligten Personen werden zweckmäßig in Unterabteilungen unter dieselbe Nummer des Verzeichnisses gebracht, so daß der ganze, im Sinne des § 3 der StrPrO. „zusammenhängende" Fall nur eine Verzeichnis-Nummer in Anspruch nimmt.

2) Eine dieser Ausfertigungen ist für das Gericht bestimmt und wird dem Antrage des Amtsanwalts als Anlage beigefügt; die andere verbleibt dem Amtsanwalt. Wegen einer dritten Ausfertigung vgl. Allgem. Verf. des Just.-Min. v. 15. Okt. 1889 oben § 7, S. 28.

3) Es ist hierbei an solche Anzeigen gedacht, welche von Gendarmen oder von Privatpersonen ausgehen und unmittelbar an den Amtsanwalt gerichtet sind. Derartige Fälle

Die näheren Vorschriften über die Aufstellung und die Einreichung der Verzeichnisse werden von der Justizverwaltung erlassen[4]).

---

werden am zweckmäßigsten dem Verzeichnisse des Forstschutzbeamten, in dessen Schutzbezirk sie sich ereignet haben, angefügt.

Erst nach der Zusammenstellung der Einzelverzeichnisse werden die „fortlaufenden" Nummern durch den Amtsanwalt beigesetzt werden können, weil es darauf ankommt, daß die Nummern das zusammengestellte Verzeichnis in geschlossener Reihe durchlaufen.

4) Die betreffende Allg. Verf. des Justiz-Ministers v. 29. Juli 1879 ist durch das JMBl. 1879 S. 221 ff. sowie durch die Amtsblätter veröffentlicht und lautet wie folgt:

Zur Ausführung des § 26. Abs. 2. des Gesetzes, betreffend den Forstdiebstahl, vom 15. April 1878 bestimmt der Justiz-Minister folgendes:

I. Aufstellung der Verzeichnisse.

1. Die mit dem Forstschutze betrauten Personen haben die Verzeichnisse, deren Führung ihnen nach § 26. Abs. 1. des FDG. obliegt, nach dem anliegenden Muster I einzurichten.

Die Spalten 2, 3, 5 und 6 sind zu Eintragungen der Forstschutzbeamten bestimmt, die Spalte 4 zu Eintragungen des Forstrevierbeamten oder des Amtsanwalts, die Spalten 1 und 7 zu Eintragungen des Amtsanwalts, die Spalten 8—11 zu Eintragungen des Gerichts.

(Vgl. übrigens Allg. Vfg. v. 12. September 1881 Nr. 2. JMBl. S. 182. oben Anm. 2. zu § 7. S. 27.

2. Die erste (äussere) Seite des Verzeichnisses ist von den Forstschutzbeamten zu Eintragungen nicht zu benutzen, aber auch nicht zu durchstreichen.

3. Die Eintragungen der Forstschutzbeamten sind in folgender Weise auszuführen:

In Spalte 2 ist durch Buchstaben (a, b, c, usw.) erkennbar zu machen, wie viele Beschuldigte in einem Straffalle als Täter, Mittäter, Teilnehmer, Begünstiger, Hehler, unberechtigte Besitzer von Holz, oder Haftbare beteiligt sind.

In Spalte 3 sind einzutragen die Personalien der Beschuldigten, welche in dem durch das Forstdiebstahlsgesetz vorgesehenen Verfahren in irgend einer Richtung zur Verantwortung gezogen werden sollen, mag es sich um Strafe, Wertersatz oder Einziehung handeln, und mag eine eigene Tat oder nur die Haftbarkeit für die Tat eines Dritten in Frage sein.

In den Fällen des § 17. des FDG. ist der Inhaber des einzuziehenden Holzes als Beschuldigter aufzuführen. Für die Angabe des Lebensalters kommt wesentlich in Betracht, dass erkennbar sei, ob der Beschuldigte über zwölf Jahre und über oder unter achtzehn Jahre alt ist. — Personen unter zwölf Jahren sind als Beschuldigte nicht einzutragen.

In Spalte 5 sind die zur Beurteilung des Falles erheblichen Tatsachen derart einzutragen, dass sie nach den unter I—IV der Überschrift angegebenen Gesichtspunkten gesondert werden.

Wenn im Falle der einer Person unter zwölf Jahren zur Last fallenden Täterschaft jemand als unmittelbar haftend in Anspruch genommen und demgemäss in Spalte 3 eingetragen ist, so ist in Spalte 5 unter I zu vermerken, wie der wegen mangelnder Strafmündigkeit nicht verfolgbare Täter heisst.

In Spalte 6 ist der Wert des entwendeten Gegenstandes gemäss § 9. Abs. 2. des FDG. nach der Forsttaxe oder nach dem örtlichen Preise einzutragen, je nachdem die Entwendung in einem Königlichen oder in einem Privatforste verübt ist.

4. Jeder einzelne mit der laufenden Nummer versehene Straffall ist von dem nächstfolgenden Straffalle durch einen Strich zu sondern. Dieser Strich ist unter die den letzt aufgeführten Beteiligten des Straffalles betreffenden Eintragungen durch die ganze linke Blattseite zu ziehen.

5. Die Verzeichnisse sind als Monatsverzeichnisse in der Art zu führen, dass alle in dem Forstschutzbezirke verübten, im Laufe eines Kalendermonats zur Kenntnis gelangten Zuwiderhandlungen in ein Verzeichnis zusammengefasst werden.

Nach Ablauf des Kalendermonats ist das Verzeichnis durch Namensunterschrift, unter Beifügung von Ort und Datum, abzuschliessen.

II. Einreichung der Verzeichnisse.

6. Das abgeschlossene Monatsverzeichnis ist von dem Forstschutzbeamten,

sofern derselbe einem Forstrevierbeamten unterstellt ist, an diesen in einer Ausfertigung,

andernfalls an den Amtsanwalt in zwei Ausfertigungen

bis zum 15. des folgenden Monats einzureichen.

Die Einreichung geschieht lediglich unter Umschlag (Couvert), falls nicht eine persönliche Übergabe stattfindet.

7. Der Forstrevierbeamte hat den rechtzeitigen Eingang der seitens der Forstschutzbeamten bei ihm einzureichenden Monatsverzeichnisse zu überwachen.

In den eingereichten Verzeichnissen sind seitens des Forstrevierbeamten die Eintragungen der Spalte 6 zu prüfen und nötigenfalls zu berichtigen; die Richtigkeit ist demnächst von ihm zu bescheinigen.

Die Spalte 4 ist durch den Forstrevierbeamten auszufüllen, soweit ihm dieses auf Grund seiner Listen (Verzeichnisse) möglich ist. (Vgl. übrigens Allg. Vfg. v. 12. Sept. 1881 Nr. 2 JMBl. S. 182, ob. Anm. 2 zu § 7, S. 28.)

8. Der Forstrevierbeamte hat dadurch, dass er die bei ihm eingereichten Verzeichnisse einfach ineinander legt, ein Gesamtverzeichnis herzustellen.

Eine zweite Ausfertigung dieses Gesamtverzeichnisses wird vom Forstrevierbeamten durch eine Abschrift der zusammengelegten Einzelverzeichnisse gebildet, wobei ein äusserer Bogen nach dem anliegenden Muster II benutzt wird. Die Aufschrift des äusseren Bogens ist entsprechend auszufüllen.

Falls der Forstrevierbeamte nicht zum Amtsanwalt bestellt ist, hat er beide Ausfertigungen des Gesamtverzeichnisses dem Amtsanwalt ohne Verzug einzureichen. (Wegen einer dritten Ausfertigung vgl. J.-Min.-Erl. v. 15. Okt. 1889 in Anm. 2 zu § 7, oben S. 28.)

Die dem vorstehenden Erlasse des Just.-Min. beigegebenen, durch Just.-Min.-Verf. v. 18. April 1900 (JMBl. S. 403) umgearbeiteten Muster siehe im Anhange. Muster I befindet sich als Anlage 1 auf Seite 109 bis 112 und veranschaulicht gleichzeitig durch die in lateinischer Schrift erfolgte Ausfüllung, in welcher Weise der Forstschutzbeamte die zur Anzeige zu bringenden verschiedenartigen Fälle einzutragen hat. Auf

Seite 113 u. 114 sind als Anlage 2 u. 3 zur besseren Veranschaulichung noch mehrere Ausfüllungen der Spalten 2—6 gegeben.

Durch einfaches Ineinanderlegen dieser von den Forstschutzbeamten ausgefüllten Exemplare bildet der Forstrevierbeamte das eine Gesamtverzeichnis (Just.-Min.-Verf. vom 29. Juli 1879, Nr 8, Abs. 1) das dazu bestimmt ist, dem Amtsanwalt als Handexemplar zu dienen.

Das zweite Gesamtverzeichnis, das demnächst der Amtsanwalt dem Gerichte einzureichen hat, bildet der Forstrevierbeamte unter Mitbenutzung des Muster II nach Vorschrift der Just.-Min.-Verf. vom 29. Juli 1879, Nr. 8, Abs. 2. Dieses ist im Anhange als Anlage 4 auf Seite 115 bis 121 mitgeteilt. In lateinischer Schrift ist es — im Anschluß an die Beispiele auf Seite 110, 113 u. 114 probeweise ausgefüllt und enthält auf Seite 115 und in den Spalten 1 u. 7 die Eintragungen des Amtsanwalts (in lateinischer und liegender Schrift).

Den Forstrevierbeamten ist es nach der Allgem. Verf. des Just.-Min. v. 7. April 1880 u. des Landw.-Min. v. 7. Mai 1880 (BM.Bl. S. 159) gestattet entweder:

a) die Anzeigen aus einem Monat in 2 nach den Schutzbeamten gesonderte Gesamtverzeichnisse zu bringen, auf deren jedes dann der Amtsanwalt besondere Anklagen zu erheben hat und der Amtsrichter besondere Termine anberaumen kann, oder

b) die Anzeigen aus dem Zeitraume zweier Monate von dem einen Teile der Schutzbeamten, in dem andern Monate von dem andern Teile derselben zu einem Gesamtverzeichnisse zu vereinigen.

Nach dem Erl. des Landw.-Min. und Just.-Min. vom 19. Febr. 1895 (BMBl. S. 161)

„haben die mit dem Forstschutze betrauten Personen bei Strafanzeigen gegen jugendliche Forstfrevler, welche nicht die Fälle des §§ 6 und 8 des Forstdiebstahlsgesetzes betreffen, in Spalte 5 der nach der Verf. vom 29. Juli 1879 aufzustellenden Verzeichnisse einen ausdrücklichen Vermerk aufzunehmen, sowohl über das Vorhandensein der zur Erkenntnis der Strafbarkeit erforderlichen Einsicht, als auch über die Tatumstände, aus welchen dasselbe zu folgern ist". — Vgl. hierzu oben Anm. 2. zu § 12. S. 38.

Durch Erl. derselben Herren Min. v. 11. Sept. 1895 ist bestimmt:

„dass bei solchen Beschuldigten, welche erst unlängst das zwölfte Lebensjahr vollendet haben, seitens

§ 27.

Der Amtsanwalt erhebt die öffentliche Klage[1]) indem er bei Überreichung der Ausfertigung des Verzeichnisses (§ 26.) den Antrag[2]) auf Erlaß eines richterlichen Strafbefehls stellt, und die beantragten Strafen nebst Werthersatz neben den einzelnen Nummern des Verzeichnisses vermerkt[3]).

Der Erlaß eines Strafbefehls ist für jede Geldstrafe und die dafür im Unvermögensfalle festzusetzende Gefängnisstrafe, sowie für den Werthersatz und die verwirkte Einziehung zulässig[4]).

---

der mit dem Forstschutze betrauten Personen in Spalte 3 der nach der Verf. v. 29. Juli 1879 aufzustellenden Verzeichnisse Jahr und Tag der Geburt anzugeben ist, soweit sich dies ohne besondere Weiterungen ermöglichen lässt". — Vgl. hierzu Anm. 5. zu § 27. unten S. 80.

1) Eine Straffestsetzung im Wege polizeilicher Strafverfügung (§ 453 StrPrO.) ist nach dem gegenwärtigen Gesetze ausgeschlossen. Zugelassen ist nur die gerichtliche Untersuchung (StrPrO. § 151) und zwar nur auf Grund erhobener öffentlicher Klage (StrPrO. § 152).

Für die Erhebung der öffentlichen Klage sind zwei Formen vorgeschrieben: Einreichung einer Anklageschrift (§ 30.) bei Zuwiderhandlungen gegen die §§ 6. u. 8., und Antrag auf Erlaß eines Strafbefehls (§ 27.) bei allen anderen Zuwiderhandlungen gegen dieses Gesetz, sowie bei etwa in Betracht kommender Übertretung des § 361. Nr. 9. d. StrGB.

Ausgeschlossen ist die Erhebung der öffentlichen Anklage in der Form eines Antrages auf gerichtliche Voruntersuchung (§ 20. dies. Ges. u. §§ 168. u. 176. Abs. 3. d. StrPrO.).

2) Der Antrag muß schriftlich gestellt werden (StrPrO. § 447.) und auf eine bestimmte Strafe gerichtet sein (StrPrO. § 448.).

3) Überreicht wird das zweite, unter Mitbenutzung des Muster II. gebildete Gesamtverzeichnis (vgl. § 26. Anm. 4.), nachdem die Spalten 1 u. 7 durch den Amtsanwalt ausgefüllt sind. Siehe das Muster Anl. 4 im Anhange Seite 115.

4) Nach § 447. Abs. 2. der StrPrO. können durch Straf-

befehl nur Geldstrafen von höchstens einhundert und fünfzig Mark festgesetzt werden; hier ist ohne Rücksicht auf einen Höchstbetrag die Festsetzung jeder Geldstrafe gestattet.

Nach der gedachten Vorschrift der StrPrO. können Gefängnisstrafen nur im Maße von höchstens sechs Wochen durch Strafbefehl festgesetzt werden; hier ist die Festsetzung jeder an die Stelle einer nicht beitreibbaren Geldstrafe tretenden Gefängnisstrafe (also unter Umständen Gefängnisstrafe bis zu sechs Monaten — § 13 Abs. 3. —) gestattet.

Vorbedingung ist aber überall, daß nicht eine Zuwiderhandlung gegen § 6. oder § 8. vorliegt (§ 30).

Wegen der Kosten greift die allgemeine Vorschrift der StrPrO. (§ 396.) Platz, wonach der Strafbefehl die entsprechende Bestimmung darüber treffen soll. Vgl. auch Anm. 2 zu § 20 oben S. 64.)

Der Erlaß eines Strafbefehls ist „zulässig", der Richter ist aber nicht an diese Form der Untersuchungseröffnung gebunden; es gilt vielmehr in dieser Beziehung die allgemeine Vorschrift der StrPrO. § 448. Abs. 2.:

> Findet der Amtsrichter Bedenken, die Strafe ohne Hauptverhandlung festzusetzen, so ist die Sache zur Hauptverhandlung zu bringen. Dasselbe gilt, wenn der Amtsrichter eine andere als die beantragte Strafe festsetzen will und die Staatsanwaltschaft (Amtsanwalt) bei ihrem Antrage beharrt.

Danach gestaltet sich im Falle einer Abweisung zwischen der Auffassung des Amtsanwalts und derjenigen des Richters das weitere Verfahren wie folgt:

Hegt der Richter nur Bedenken gegen das Maß oder die Art der vom Amtsanwalt beantragten Strafe, so hat er einstweilen den Strafbefehl auszusetzen, und den Amtsanwalt davon in Kenntnis zu setzen, welche Strafe dieser für angemessen erachte. [Die Rückfrage ist nicht nur dann geboten, wenn der Richter eine höhere oder geringere Geldstrafe als die vom Amtsanwalt beantragte für zutreffend erachtet, — z. B. statt der beantragten Strafe des § 2. diejenige des § 3. oder statt der beantragten Strafe des § 7. diejenige des § 2. — sondern auch dann, wenn der Richter die als Ersatz zu bestimmende Gefängnisstrafe nach einem anderen als dem vom Amtsanwalte zugrunde gelegten Maßstabe feststellen, z. B. nur für je 3 Mark einen Tag einsetzen will, während der Amtsanwalt für je 2 Mark einen Tag Gefängnis beantragt hatte.] Fügt sich der Amtsanwalt der Auffassung

Der Strafbefehl[5]) muß die Eröffnung enthalten[6]),

des Richters, und ändert er demgemäß seinen Antrag, so erläßt der Amtsrichter diesem abgeänderten Antrage entsprechend den Strafbefehl. Beharrt aber der Amtsanwalt bei seinem ursprünglichen Antrage, so hat der Amtsrichter, falls er nicht infolge der Rückäußerung des Amtsanwalts zu einer übereinstimmenden Auffassung gelangt ist, vom Erlaß des Strafbefehls abzusehen, und den Fall zur Hauptverhandlung zu stellen. Dasselbe hat zu geschehen, wenn der Amtsrichter irgend andere Bedenken (tatsächliche oder rechtliche) gegen die Festsetzung der Strafe im Wege des Strafbefehls hegt. Der nachträglichen Einreichung einer Anklage-Schrift bedarf es nicht; die Hauptverhandlung kann mit der für die Erledigung der Einsprüche (§ 27. Abs. 3) eintretenden Hauptverhandlung verbunden werden (§ 29.).

Lehnt der Amtsrichter sowohl den Erlaß eines Strafbefehls, als auch die Anberaumung eines Hauptverhandlungstermins ab (z. B. weil er die angezeigte Tat nicht als strafbar ansieht), so steht dem Amtsanwalt die sofortige Beschwerde zu (StrPrO. § 209.); zuständig für die Entscheidung über diese Beschwerde ist die betreffende Strafkammer (DGBG. § 72.); die Beschwerde muß innerhalb einer Woche bei dem Amtsgericht oder bei der Strafkammer eingelegt werden (StrPrO. §§ 348. 353.), gegen deren Entscheidung eine weitere Anfechtung nicht stattfindet. (StrPrO. § 352.)

5) Auch gegen einen Beschuldigten, der zur Zeit der Tat das achtzehnte Lebensjahr noch nicht vollendet hatte, ist, sofern nicht die Fälle der §§ 6 und 8 des Ges. vorliegen die Erhebung der öffentlichen Klage durch den Antrag auf Erlaß eines richterlichen Strafbefehls zu bewirken. Hierzu bemerkt die Allgem. Verf. des Just.-Min. v. 31. Dez. 1894 (JMBl. 1895 S. 161) nachdem sie die Zulässigkeit des amtsrichterlichen Strafbefehls begründet hat:

> Von selbst versteht es sich, dass der Amtsrichter auf Grund freien richterlichen Ermessens in ihm ungeeignet scheinenden Fällen, insbesondere, wenn Bedenken hinsichtlich der zur Erkenntnis der Strafbarkeit erforderlichen Einsicht bestehen, gemäss § 448 Abs. 2. StrPrO. den Erlass des Strafbefehls abzulehnen und die Sache zur Hauptverhandlung zu bringen hat. Das Vorhandensein der erwähnten Einsicht wird bei der Natur der Forstdiebstahlssachen in den meisten Fällen an sich wahrscheinlich sein. Vielfach wird es durch erlittene

daß er vollstreckt werde, wenn der Beschuldigte nicht in

Vorstrafen wegen gleicher oder ähnlicher Zuwiderhandlungen dargetan werden. Der Herr Min. für Landw. Dom. und Forsten wird aber auch die mit dem Forstschutz betrauten Beamten anweisen lassen, in die Anzeigen gegen jugendliche Forstfrevler einen ausdrücklichen Vermerk über das Vorhandensein jener Einsicht, und die Tatumstände, aus welchen dasselbe zu folgern ist, aufzunehmen, um sowohl den Amtsanwälten, als den Gerichten, die Prüfung dieses Momentes zu erleichtern.

Vgl. Anm. 4 zu § 26. S. 77.

Die Feststellung der zur Erkenntnis der Strafbarkeit erforderlichen Einsicht kann auch beim Nichterscheinen des Angeklagten in der Hauptversammlung durch alle zulässigen Beweismittel erfolgen. (RUrt. v. 21. Nov. 1893. URStr. Bd. 24 S. 411.)

6) Was außer dieser Eröffnung den Inhalt des Strafbefehls bilden soll, ist in den §§ 449. und 496. der StrPO. vorgeschrieben: Festsetzung der Strafe; Angabe der strafbaren Handlung; Angabe des angewendeten Strafgesetzes; Bezeichnung der Beweismittel; Festsetzung der Kosten.

Die dem Beschuldigten nach § 27. Abs. 3. in dem Strafbefehle zu machende Eröffnung weicht von der im § 449. der StrPrO. vorgeschriebenen Eröffnung wesentlich ab, weil dort der Einspruch gegen den richterlichen Strafbefehl wesentlich anders geregelt ist, als hier.

Nach der StrPrO. kann der Einspruch schriftlich oder zu Protokoll des Gerichtsschreibers erhoben werden, aber nur innerhalb einer einwöchigen Frist seit der Zustellung des Strafbefehls.

Der § 27. des gegenwärtigen Gesetzes läßt den schriftlichen Einspruch ebensowenig zu wie den Einspruch zu Protokoll des Gerichtsschreibers, verlangt vielmehr, daß der Einspruch vor dem Richter erhoben werde. Er beseitigt ferner die Einspruchsfrist und bestimmt für die Erhebung des Einspruchs einen Hauptverhandlungstermin. Ein außerhalb dieses Termins erhobener Einspruch bleibt ohne Wirkung; andererseits dauert das Einspruchsrecht über diesen Termin hinaus bis zum nächsten Termine fort, wenn wegen verspäteter Zustellung des zugleich die Ladung enthaltenden Strafbefehls (StrPrO. § 216.) jener erste Termin auf Grund eines bloßen Aussetzungsantrages ausgesetzt worden ist; es einem, sogleich in dem Strafbefehle anzuberaumenden, eintretendenfalls zugleich zur Hauptverhandlung bestimmten Termine vor dem Amtsrichter erscheine und Einspruch erhebe.

Die in dem Strafbefehle getroffene Festsetzung ist von dem Amtsrichter neben jeder Nummer des Verzeichnisses einzutragen[7]) und dem Angeklagten mit einem Auszuge aus dem Verzeichnisse zuzustellen[8]).

---

kann dann aber der Einspruch wiederum nur in dem neuen Termine (nicht in der Zwischenzeit schriftlich oder zu Protokoll) erhoben werden.

7) Diese eigenhändige Eintragung sichert eine genaue Prüfung jedes einzelnen Falles. Die bloße Durchsicht der Anträge des Amtsanwalts würde nicht den gleichen Schutz gegen ein Übersehen von Irrtümern bieten, wenn demnächst der Richter sämtliche, aus einem Verzeichnisse hervorgehende Strafbefehle durch eine Verfügung anordnet.

8) Auf Grund dieses Auszuges vermag der Beschuldigte zu prüfen, ob der Strafbefehl mit dem Antrage des Amtsanwalts im Einklange steht. Außerdem ermöglicht diese Anlage eine abgekürzte Fassung des Strafbefehls. Die StrPrO. schreibt eine Mitteilung des Antrages des Amtsanwalts an den Beschuldigten nicht vor.

Das beispielsweise ausgefüllte Muster zu einem dem Angeklagten zuzustellenden Strafbefehle siehe im Anhange als Anlage 5 S. 122 u. 123.

Dieses ist durch die Allgem. Verfg. des Just.-Min. vom 4. Nov. 1884 u. v. 18. April 1900 (JMBl. S. 260. 262. u. 403.) vorgeschrieben.

Auch für die Fälle, daß ein Strafbefehl
- a) gegen den aus § 11. Haftbaren,
- b) gegen den aus § 11. Haftbaren beim Zusammentreffen mit § 361. Nr. 9. StrGB.,
- c) gegen den aus § 12. Haftbaren, (auch beim Zusammentreffen mit § 361. Nr. 9. StrGB.)

zu erlassen ist, sind durch die vorgenannten Just.-Min.-Erl.-Formulare vorgeschrieben, die auf ihrer ersten Seite (Auszug aus dem Forstdiebstahlsverzeichnis) mit dem auf S. 122 abgedruckten Formular übereinstimmen, auf der Rückseite dagegen den im Anhang auf den Seiten 124 bis 126 (Anlagen 6, 7 u. 8) abgedruckten Wortlaut haben.

Die mit dem Forstschutze betrauten Personen, welche nach den Anzeigen als Beweiszeugen auftreten sollen, sind durch ihre Vorgesetzten zu veranlassen, in dem anberaumten Termin zu erscheinen[9]. Die sonst erforderlichen Zeugen sind zu demselben zu laden[10][11].

---

9) Die Vorschrift bezieht sich auch auf die im Privatdienste stehenden Forstschutzbeamten. (Vgl. HKB. S. 16. und AStB. S. 1829.) Für die Königlichen Forstschutzbeamten ist betr. der Terminswahrnehmung nachstehende Allgem. Verfügung des Landw.-Min. maßgebend:

Berlin, den 25. Mai 1881.

Nach der Vorschrift des § 57 Abs. 5 des FDG. v. 15. April 1878 werden alle in den Strafanzeigen als Zeugen benannten Personen zum Erscheinen in dem gemäss Abs. 3 daselbst zur Einspruchserhebung und zur Hauptverhandlung anberaumten Termine teils, soweit es sich um Forstschutzbeamte handelt, durch ihren Vorgesetzten veranlasst, teils durch die Gerichte vorgeladen, ohne Rücksicht darauf, ob die Vernehmung der Zeugen in Folge des vom Angeklagten eingelegten Einspruchs notwendig wird oder nicht. Da aber die Zahl der Einsprüche im Verhältnis zu der Zahl der Strafbefehle durchweg eine sehr geringe ist, so werden die meisten der in den forstgerichtlichen Terminen als Zeugen erschienenen Personen unvernommen wieder entlassen.

Aus dieser Einrichtung sind erhebliche Übelstände entstanden, indem einerseits ganz unnützer Weise Zeugengebühren verausgabt werden, die fast ausnahmslos der Staatskasse zur Last fallen, andererseits auch die Forstschutzbeamten an den forstgerichtlichen Terminstagen ihren Revieren entzogen und letztere dann gewissermassen den Frevlern freigegeben werden.

Diese Übelstände lassen sich, ohne dass es einer Abänderung des Gesetzes bedarf, und ohne dass durch eine Abweichung von dem Wortlaute des § 27 cit. die Rechtsbeständigkeit des demnächstigen Urteils in Frage gestellt würde, dadurch beseitigen, dass zu den im § 27 cit. bezeichneten Terminen von der Gestellung bezw. Ladung der Zeugen einstweilen Abstand genommen und die Gestellung und Ladung erst erfolgt, wenn der Angeklagte gegen den Strafbefehl Einspruch erhoben und das Gericht die Vernehmung der vorgeschlagenen Zeugen für erforderlich erachtet hat.

Die Kgl. Regierung hat hiernach die Oberförster des dortigen Bezirks anzuweisen, das Erscheinen der Forstschutzbeamten als Zeugen in den nach § 27 cit. anberaumten Terminen erst dann zu veranlassen, wenn das Gericht in Folge erhobenen Einspruchs des Angeklagten das Erscheinen des Zeugen ausdrücklich verfügt hat.

Es lässt sich jedoch dabei nicht verkennen, dass es unter Umständen im Interesse der Sache notwendig erscheinen kann, dass die Zeugen schon im ersten Einspruchstermine erscheinen, weil die Erhebung des Einspruchs vorauszusehen ist. Wird in einem solchen Falle das Erscheinen vom Gerichte verfügt, so ist der betreffende Forstschutzbeamte in dem Termine zu gestellen; hält dagegen der Vorgesetzte des Forstschutzbeamten das Erscheinen des letzteren für erforderlich so soll ihm zwar auch die Befugniss zustehen den Forstschutzbeamten als Zeugen in dem Einspruchstermine zu gestellen, es wird jedoch hierbei vorausgesetzt, dass bestimmte Kundgebungen des Angeklagten oder sonstige tatsächliche Verhältnisse vorliegen, welche die Erhebung des Einspruchs in hohem Grade wahrscheinlich machen.

Die Kgl. Regierung hat darauf zu achten, dass die Oberförster von dieser Befugnis nur ausnahmsweise Gebrauch machen, und namentlich nicht etwa aus Konnivenz gegen die ihnen untergebenen Forstschutzbeamten über das durch die tatsächlichen Verhältnisse gebotene Mass hinausgehen.

Bei einem etwaigen Missbrauche ist gegen den betreffenden Forstbeamten nicht nur im Disziplinarwege vorzugehen, sondern auch derselbe anzuweisen, für die Zukunft die Gestellung des Zeugen erst dann zu veranlassen, nachdem das Gericht die Vernehmung ausdrücklich verfügt hat.

Die Gerichte werden Seitens des Herrn Justizministers mit entsprechender Anweisung versehen werden. (Vgl. dieserhalb die nachstehende Anm. 10.)

Wegen Verrechnung der an Forstschutzbeamten gezahlten Zeugengebühren s. Verfg. v. 23. Juni 1880 (JMBl. S. 153).

10) Vgl. StrPrO. §§ 218. ff. Zur Vermeidung entbehrlicher Ladungen ist vom Justizminister nachstehende Allgem. Verfügung erlassen worden.

Berlin, den 17. Juni 1881.

Die Erfahrungen, welche seit der Einführung des Forstdiebstahlsgesetzes vom 15. April 1878 gemacht worden sind, haben ergeben, dass die Zahl der gegen forstrichterliche Strafbefehle erhobenen Einsprüche überall eine sehr geringe, und dass demzufolge auch nur in sehr wenigen Fällen die Vernehmung derjenigen Personen erforderlich ist, welche in den Strafanzeigen als Belastungszeugen benannt werden. Da gleichwohl zufolge der Vorschrift des § 27, Abs. 5 a. a. O. diese Personen sämtlich zum Erscheinen in dem gemäss Abs. 3 daselbst anzuberaumenden Termine veranlasst werden, so ist bisher der bei weitem grösste Teil aller in Forststrafsachen zur Zahlung gelangenden Zeugengebühren an solche Personen gezahlt worden, welche zwar als Zeugen vor Gericht erschienen, jedoch unvernommen wieder entlassen sind.

Nachdem durch verschiedene Berichte meine Aufmerksamkeit auf diesen Übelstand hingelenkt worden ist, bin ich behufs tunlichster Abstellung desselben mit dem Herrn Minister für Landwirthschaft, Domänen und Forsten in Verbindung getreten, und derselbe hat sich hierauf veranlasst gesehen, an sämtliche Königliche Regierungen eine Verfügung vom 25. Mai d. J. zu erlassen (s. diese in Anm. 9). Inhalts derselben sollen fortan die Kgl. Oberförster das Erscheinen der als Zeugen benannten Kgl. Forstschutzbeamten in den gerichtlichen Terminen regelmässig erst dann veranlassen, wenn das Gericht in Folge erhobenen Einspruchs das Erscheinen derselben ausdrücklich verfügt hat, und eine Abweichung von dieser Regel soll nur da Platz greifen dürfen, wo bestimmte Kundgebungen des Angeklagten oder sonstige tatsächliche Verhältnisse vorliegen, welche die Erhebung des Einspruchs als wahrscheinlich erscheinen lassen.

Anlangend diejenigen Zeugen, welche nicht Kgl. Forstschutzbeamte sind, wird Seitens der Justizbehörden darauf Bedacht zu nehmen sein, dass jedes unnötige Erscheinen derselben vor Gericht vermieden werde. Demgemäss sind die Vorgesetzten der nicht im Kgl.

Dienste stehenden Forstschutzbeamten dahin zu verständigen, dass sie fortan ihre Untergebenen erst dann zum Erscheinen in den Terminen zu veranlassen haben, wenn ihnen ein hierauf gerichtetes Ersuchen des Gerichts zugegangen ist. Eine Ladung von Zeugen vor Erhebung des Einspruchs (Schlusssatz des § 27 cit.) haben die Amtsanwälte regelmässig zu unterlassen.

11) Über die Teilnahme der Forstamtsanwälte an den gerichtlichen Terminen erging nachstehende Allgem. Verf. des Justiz Min. vom 3. Febr. 1883:

Die Summe der Reisekosten und Tagegelder, welche den Forstamtsanwälten für die Wahrnehmung der forstgerichtlichen Termine gezahlt werden, erfährt, wie ich aus Berichten erfahren habe, dadurch eine erhebliche und unnötige Steigerung, dass häufig an demselben Terminstage mehrere Forstamtsanwälte nach einander fungieren, von denen jeder für ein Forstrevier die Geschäfte der Amtsanwaltschaft versieht.

Um die gedachten Kosten zu vermindern, bestimme ich im Einverständnis mit dem Herrn Min. für Landw., Dom. und Forsten: dass sofern von mehreren Forstamtsanwälten eines Amtsgerichtsbezirkes der Eine am Sitze des Amtsgerichts oder doch in dessen Nähe wohnhaft ist, dieser Forstamtsanwalt an den Terminstagen auch die Vertretung derjenigen anderen Forstamtsanwälte zu übernehmen hat, in deren Sachen nach der Cirk-. Verf. v. 17. Juni 1881 eine Beweisaufnahme zunächst nicht bevorsteht.

Dagegen ist der Regel nach der an sich zuständige Forstamtsanwalt zuzuziehen, wenn aus dem Amtsbereich desselben Sachen zur Verhandlung anstehen, in denen eine Beweisaufnahme stattfinden soll, und insbesondere darf der letztgedachte Forstamtsanwalt seine Zuziehung dann verlangen, wenn er von der in der Cirk-. Verf. des Herrn Min. für Landw., Dom. und Forsten v. 25. Mai 1881 ihm ausnahmsweise erteilten Ermächtigung Gebrauch gemacht hat, zu einem Termine Forstschutzbeamte ohne gerichtliche Anordnung als Zeugen zu gestellen.

Behufs der Erreichung des Zweckes der gegenwärtigen Verf. werden die Amtsgerichte darauf Bedacht zu nehmen haben, dass die Sachen, in denen eine Beweisaufnahme bevorsteht, für jeden Forstamtsanwaltsbezirk innerhalb gewisser Zeiträume tunlichst auf denselben Terminstag zusammengelegt werden.

Vorstehende Allgem. Verfg. wurde den Regierungen usw. durch folgenden Erl. des Landw.-Min. vom 16. Febr. 1883 mitgeteilt:

Der Kgl. Regierung (Finanzdirektion) übersende ich zur Kenntnisnahme und Nachachtung Abschrift der Verfg. des Herrn Just. Min. an die Vorstandsbeamten der Oberlandesgerichte vom 3. d. M. betr. die zur Kostenersparung angeordnete Vertretung der Forstamtsanwälte in den gerichtlichen Terminen.

In dieser Verf. wird u. a. für den Fall, dass ein Forstamtsanwalt von der in einem Cirk-. Erlass vom 25. Mai 1881 erteilten Ermächtigung, schon zu dem Einspruchstermine die Forstschutzbeamten als Zeugen zu gestellen, Gebrauch macht, auch dem Forstamtsanwalt selbst die Befugnis zugestanden, seine Zuziehung zur Verhandlung an Stelle des ihn der Regel nach in dem Einspruchstermine vertretenden, dem Gerichtsorte zunächst wohnenden Forstamtsanwalts zu verlangen. Der entfernter wohnende Forstamtsanwalt darf demnach unter Umständen auch ohne vom Gericht ihm gegebene besondere Veranlassung die Reise zum Gerichtsorte machen, um seine Funktion als Amtsanwalt wahrzunehmen. Wie aber schon in meiner Cirk-. Verf. v. 25. Mai 1881 hervorgehoben ist, dass von der Befugnis zur Gestellung von Zeugen ohne gerichtliche Verfügung nur in bestimmt bezeichneten Ausnahmefällen Gebrauch gemacht werden darf, so muss umsomehr erwartet werden, dass der entfernter vom Gericht wohnende Forstamtsanwalt die Ausübung der Befugnis, seinerseits einen Einspruchstermin an Stelle des ihn in solchen Terminen regelmässig vertretenden näher wohnendenen Kollegen persönlich wahrzunehmen, streng auf diejenigen Fälle beschränkt, in welchen er nicht nur die Erhebung des Einspruchs mit hoher Wahrscheinlichkeit erwarten muss, sondern auch seine persönliche Beteiligung an der Verhandlung aus besonderen Gründen des einzelnen Falles für wesentlich ansieht. Welches diese Gründe sind, ist in jedem zutreffenden Falle vom Forstamtsanwalt kurz zu seinen Akten zu vermerken. Gegen Missbrauch sind die in der Cirk-. Verf. v. 25. Mai 1881 bezeichneten Massregeln zu entsprechender Anwendung zu bringen. —

Zur weiteren Erläuterung erging sodann noch nachstehende Allgem. Verf. des Just. Min. vom 10. Febr. 1894, die von dem Landw. Min. unter Aufrechterhaltung der übrigen in seinen Verfügungen vom 25. Mai 1881 und 16. Februar 1883 enthaltenen Bestimmungen den Regierungen unter dem 22. Feb. 1891 (VMBl. S. 46) zur weiteren Veranlassung mitgeteilt worden ist.

Durch die Cirk-. Verf. v. 17. Juni 1881 ist bestimmt, dass in den gemäss § 27 Abs. 3 des Forstdiebstahlsgesetzes v. 15. April 1878 anzuberaumenden sog. Einspruchsterminen Forstschutzbeamte als Zeugen nur erscheinen sollen, wenn dies von dem Gerichte ausdrücklich verfügt ist, oder wenn bestimmte Kundgebungen des Angeklagten, bezw. sonstige tatsächliche Verhältnisse vorliegen, welche die Erhebung des Einspruchs in hohem Grade wahrscheinlich erscheinen lassen. In diesen Terminen werden die Verrichtungen der Staatsanwaltschaft durch die zuständigen Forstamtsanwälte wahrgenommen. Eine Ausnahme hiervon findet nach den bisherigen Vorschriften nur statt, wenn ein Forstamtsanwalt am Sitze des Amtsgerichts oder in dessen Nähe wohnhaft ist. In diesem Falle ist dem letzteren durch die Cirk-. Verf. v. 3. Febr. 1883 die Vertretung der auswärts wohnenden an sich zuständigen Forstamtsanwälte übertragen, sofern nicht an demselben Tage Sachen aus dem Amtsbezirke der letzteren zur Verhandlung anstehen, in denen eine Beweisaufnahme stattfinden soll, oder der auswärtige Forstamtsanwalt von der in dem Erlasse des Herrn Min. für Landw., Dom. und Forsten v. 25. Mai 1881 ausnahmsweise erteilten Ermächtigung Gebrauch gemacht hat, zu einem Termine Forstschutzbeamte ohne gerichtliche Anordnung als Zeugen zu gestellen.

Da einerseits bei zahlreichen Amtsgerichten Forstamtsanwälte weder am Orte selbst, noch in dessen Nähe wohnhaft sind, andererseits die Einspruchstermine nicht immer an denselben Tagen mit solchen Terminen anberaumt werden können, in denen eine Beweisaufnahme stattfindet, so haben bei dieser Anordnung der Vertretung immer noch zahlreiche Dienstreisen der Forstamtsanwälte lediglich zum Zweck der Wahrnehmung von

§ 28.

Auf den Einspruch kann vor dem Termine verzichtet werden[1]).

Einspruchsterminen unternommen werden müssen. Die durch diese Reisen verursachten Kosten stehen in keinem angemessenen Verhältnisse zu dem durch dieselben erzielten Nutzen, weil es in jenen Terminen zu einer wirklichen Sachverhandlung nicht kommt. Im Einverständnisse mit dem Herrn Min. für Landw., Dom. u. Forsten bestimme ich daher, dass die nicht am Sitze des Amtsgerichts oder in dessen unmittelbarer Nähe wohnenden Forstamtsanwälte in Terminen der bezeichneten Art, wenn die Vertretung nicht nach der Cirk-. Verf. v. 3. Febr. 1883 durch einen anderen Forstamtsanwalt erfolgen kann, durch den am Gerichtssitze wohnenden Amtsanwalt vertreten werden.

Im übrigen bleiben die vorbezeichneten älteren Bestimmungen in Kraft, so dass also die Vertretung der Forstamtsanwälte in den Einspruchsterminen in erster Linie den am Gerichtssitze oder in dessen Nähe wohnenden Forstamtsanwälten, u. erst in Ermangelung eines solchen dem Amtsanwalte zusteht, auch den auswärtigen Forstamtsanwälten die Befugnis gewahrt bleibt, in solchen Sachen, in denen eine Beweisaufnahme bevorsteht oder Forstschutzbeamte von ihm als Zeugen gestellt werden, die Termine persönlich wahrzunehmen. Mit Rücksicht auf den in der Verfügung v. 3. Febr. 1883 gebrauchten Ausdruck, dass die bezeichneten Beamten im letzteren Falle ihre Zuziehung „verlangen" können, bemerke ich, dass derselbe nicht wörtlich zu verstehen ist, sondern dass die Zuziehung von Amts wegen zu erfolgen hat, wenn auch ein ausdrückliches Verlangen nicht gestellt worden ist. — Nach der Allgem. Verf. des Just. Min. v. 31. Dez. 1894 sind nur solche Forstamtsanwälte als in unmittelbarer Nähe des Amtsgerichtssitzes wohnhaft anzusehen, deren Wohnort von dem letzteren weniger als 2 km entfernt ist und welche daher nach der Verordn. v. 15. April 1876 für ihre Reisen zu den fraglichen Terminen eine Entschädigung nicht beanspruchen dürfen.

1) Der Verzicht hat zur Folge, daß der Strafbefehl sofort die Wirkung eines rechtskräftigen Urteils erlangt,

Auf die Wiedereinsetzung in den vorigen Stand gegen die Versäumung des Termins finden die §§ 44., 45. Abs. 1., 46. und 47. der Strafproceßordnung entsprechende Anwendung [2]). Wird dem Gesuche stattgegeben, so ist ein neuer Strafbefehl unter Aufhebung des früheren zu erlassen [3]).

---

während in Ermangelung des Verzichts diese Wirkung erst eintritt, wenn der Termin abläuft, ohne daß Einspruch erhoben wird. Geht ein Verzicht auf den Einspruch ein, so sind, soweit dies möglich ist, die zu dem Termin geladenen Zeugen abzubestellen.

(Vgl. übrigens StrPrO. §§ 449. Abs. 2. und 450.)

2) Die „entsprechende Anwendung" der in Bezug genommenen Bestimmungen der StrPrO. führt zu folgenden Grundsätzen:

Der Anspruch auf Wiedereinsetzung in den vorigen Stand ist dadurch bedingt, daß ein Naturereignis oder ein anderer unabwendbarer Zufall die Wahrnehmung des Termins verhindert hat. Als unabwendbarer Zufall ist es anzusehen, wenn der die Wiedereinsetzung Nachsuchende von der Termins-Zustellung ohne sein Verschulden keine Kenntnis erlangt hat. (StrPrO. § 44.)

Das Gesuch muß binnen einer Woche nach Beseitigung des Hindernisses bei dem Amtsgerichte, bei welchem der Termin wahrzunehmen war, unter Angabe und Glaubhaftmachung der Versäumungsgründe angebracht werden. (StrPrO. § 45. Abs. 1.)

Über das Gesuch entscheidet das Amtsgericht, welches zur Entscheidung in der Hauptsache berufen war. (StrPrO. § 46. Abs. 1.)

Die dem Gesuche stattgebende Entscheidung unterliegt keiner Anfechtung. (StrPrO. § 46. Abs. 2.)

Gegen die das Gesuch verwerfende Entscheidung findet sofortige Beschwerde (an die zuständige Strafkammer) statt. Die Entscheidung dieses Beschwerdegerichts ist nicht weiter anfechtbar. (StrPrO. § 46. Abs. 3. § 352. § 358. und DGVG. § 72.)

Durch das Gesuch um Wiedereinsetzung in den vorigen Stand wird die Vollstreckung des Strafbefehls nicht gehemmt. Der Amtsrichter kann jedoch einen Aufschub der Vollstreckung anordnen. (StrPrO. § 47.)

3) Die Vorschrift im § 45. Abs. 2. d. StrPrO., wonach

§ 29.

Ueber alle Einsprüche, sowie über alle Anträge, welche der Amtsrichter unter Ablehnung des Strafbefehls zur Hauptverhandlung gebracht hat[1]**, kann in Einer Hauptverhandlung verhandelt und entschieden werden**[2]**. Das Protokoll über dieselbe wird nach den Nummern des Verzeichnisses geführt**[3]**.**

Von einem auf Verwerfung des Einspruchs lauten-

---

mit dem Gesuche um Wiedereinsetzung in den vorigen Stand zugleich regelmäßig „die versäumte Handlung nachgeholt" werden soll, findet hier nach ausdrücklicher Vorschrift des § 28. Abs. 2. keine Anwendung. Es wird eben an dem Grundsatze festgehalten, daß der Einspruch (das ist hier die versäumte Handlung) weder schriftlich noch zu Protokoll des Gerichtsschreibers erfolgen darf. Deshalb soll der Einspruch mit dem Gesuch um Wiedereinsetzung nicht verbunden werden dürfen; und deshalb ist ferner als Wirkung der Wiedereinsetzung die Notwendigkeit eines neuen Strafbefehls unter Aufhebung des früheren hingestellt.

1) Also nicht über Anklagen in den Fällen der §§ 6. und 8. Die Hauptverhandlung über eine solche Anklage kann mit der hier gemeinten Hauptverhandlung niemals verbunden werden; schon deshalb nicht, weil dort mit Zuziehung von Schöffen, hier ohne Schöffen verhandelt wird. Mit einander können Hauptverhandlungen über Anklagen aus den §§ 6. u. 8. nur nach Maßgabe des § 236. der StrPrO. verbunden werden.

2) Trotz der Einheit der Hauptverhandlung gelangt jede einzelne Nummer für sich zur Verhandlung und Entscheidung.

Bei der Entscheidung ist der Amtsrichter an den in dem Strafbefehle enthaltenen Ausspruch nicht gebunden. (StrPrO. § 451. Abs. 3.)

Die Entscheidung muß daher auch dann ergehen, wenn der Beschuldigte im Laufe der Verhandlung den Einspruch widerrufen sollte; das Gesetz nimmt auf einen Widerruf des Einspruchs keine Rücksicht.

3) Wegen der sonstigen Erfordernisse und Beschaffenheit des Protokolls vgl. StrPrO. §§ 271. ff.

den Urtheile[4]) wird dem Verurtheilten nur die Urtheilsformel zugestellt.

§ 30.

In den Fällen der §§ 6. und 8. findet der Erlaß eines Strafbefehls nicht statt[1]). Der Amtsanwalt erhebt die öffentliche Klage durch Einreichung einer Anklageschrift[2]), welcher ein Auszug aus dem Verzeichnisse (§ 26.)

---

4) Ein solches Urteil kann nur ausnahmsweise vorkommen, nämlich nur dann, wenn in dem ersten Termine der Beschuldigte erscheint und Einspruch erhebt, wenn dann in diesem ersten Termine die Verhandlung nicht zum Abschlusse gelangt, und (z. B. behufs weiterer Beweisaufnahme) ein neuer Hauptverhandlungstermin anberaumt werden muß, und wenn in diesem zweiten Termine der Angeklagte ausbleibt. Bleibt er schon im ersten Termine aus, dann liegt gar kein Einspruch vor. (Anders nach § 452. der StrPrO., weil dort der Termin erst anberaumt wird, nachdem Einspruch erhoben worden ist.)

1) Auch dann nicht, wenn Amtsanwalt und Richter darin einverstanden sein sollten, daß (vgl. StrPrO. § 447. Abs. 2.) im vorliegenden Falle eine Geldstrafe von höchstens Einhundertfünfzig Mark und eine Gefängnisstrafe von höchstens sechs Wochen Platz zu greifen habe. Wenn dem entgegen im HKB. S. 15. mit Bezug auf die Bestimmung des § 27: „der Erlaß eines Strafbefehls ist für jede Geldstrafe und die dafür im Unvermögensfalle festzusetzende Gefängnisstrafe zulässig", bemerkt ist: „Hinsichtlich zu erkennender direkter Freiheitsstrafe verbleibt es bei der Bestimmung des § 447. Abs. 2. d. StrPrO.", so beruht diese Bemerkung auf einem Irrtum. Denn eine direkte Freiheitsstrafe ist in diesem Gesetze nur für die Fälle der §§ 6. u. 8. angedroht, und für diese Fälle ist durch § 30. der Erlaß eines Strafbefehls unbedingt ausgeschlossen.

2) Es geschieht dies nach Maßgabe der Vorschriften der StrPrO. (Vgl. daselbst die §§ 197. ff.) Formulare für derartige Anklageschriften sind durch Verf. des Just.-Min. vom 18. April 1900 (JMBl. S. 403) vorgeschrieben. Sie enthalten auf der Vorderseite rechts die Anklageschrift, links den gerichtlichen Beschluß über Eröffnung des Hauptverfahrens und auf der Rückseite den Auszug aus dem Verzeichnisse. Ein ausgefülltes Muster siehe im Anhange (Anlage 9 Seite 127.

beizufügen ist[3]). Die Hauptverhandlung kann ohne Anwesenheit des Angeklagten erfolgen[4]).

§ 31.

Wird gegen ein von dem Amtsrichter ohne die Zuziehung von Schöffen erlassenes Urtheil[1]) die Berufung eingelegt[2]), so sind zum Zwecke der Bildung besonderer

---

3) Das Gesetz will, daß alle hier vorgesehenen Zuwiderhandlungen in die unter § 26. erwähnten Verzeichnisse seitens der Forstschutzbeamten aufgenommen werden, weil nicht der Forstschutzbeamte, sondern der Amtsanwalt darüber zu befinden hat, in welchem Falle der Antrag auf Erlaß eines Strafbefehls, in welchem die Anklageschrift Platz zu greifen habe. Wegen der Verschiedenheit des Verfahrens nach § 27. und nach § 30. müssen aber demnächst über die Fälle der §§ 6. und 8. aus den Verzeichnissen Auszüge gefertigt werden, welche die aktenmäßige Grundlage für die Anklageschrift zu bilden haben. Sollten der Erhebung der Klage polizeiliche oder gerichtliche Vorermittelungen vorausgegangen sein, so sind auch diese selbstverständlich der Anklageschrift beizufügen.

4) In allen Fällen; die Einschränkungen der §§ 231. 232. der StrPrO. greifen hier nicht Platz. Folgerichtig kann auch nach Maßgabe des § 233. d. StrPrO. der Angeklagte in allen Fällen sich durch einen mit schriftlicher Vollmacht versehenen Verteidiger vertreten lassen. Andererseits bleibt aber auch in allen Fällen die Vorschrift des § 235. der StrPrO. maßgebend, wonach „das Gericht stets befugt ist, das persönliche Erscheinen des Angeklagten anzuordnen und dasselbe durch einen Vorführungsbefehl oder Haftbefehl zu erzwingen“.

1) Für die Berufung gegen Urteile, bei denen Schöffen mitgewirkt haben (also in den Fällen der §§ 6. u. 8.), ist die Bildung neuer Akten nicht erforderlich, weil schon im Verfahren erster Instanz für jeden einzelnen Fall besondere Akten angelegt werden; hier aber ist sie mit Rücksicht auf die Bestimmungen der §§ 361. 362. der StrPrO. geboten; denn die Haupt-Akten müssen wegen der übrigen darin verhandelten, von der Berufung nicht getroffenen Fälle bei dem Amtsgerichte verbleiben.

2) Abgesehen von der vorstehenden Vorschrift über die Bildung der Berufungsakten, hat das Gesetz besondere Be-

Akten durch den Gerichtsschreiber beglaubigte Auszüge aus den Akten erster Instanz zu fertigen.

§ 32.

Die Revision gegen die in der Berufungsinstanz erlassenen Urtheile findet nur statt, wenn eine der in

---

stimmungen hinsichtlich der Berufung nicht getroffen; es gelten daher die Vorschriften der StrPrO. (§§ 354.—373. und 338—345.)

Hierbei ist folgendes zu bemerken:

Die Berufung findet statt gegen alle auf Grund des gegenwärtigen Gesetzes vom Amtsrichter erlassenen Urteile, ohne Rücksicht auf die Höhe der erkannten Strafe und ohne Rücksicht darauf, ob bei dem Urteile Schöffen mitgewirkt haben oder nicht (§§ 20. u. 31. des gegenw. Ges. und §§ 354. u. 211. Abs. 2. d. StrPrO.)

Die Berufung gegen ein „auf Verwerfung des Einspruchs lautendes Urteil“ (vgl. § 29. und Anm. 4. dazu) erstreckt sich nur auf die Frage, ob der Richter zu Recht oder zu Unrecht angenommen habe, „daß der Angeklagte ohne genügende Entschuldigung in der Hauptverhandlung ausgeblieben sei“, weil „der ganze Inhalt des angefochtenen Urteils“ (§ 359. d. StrPrO.) sich auf die Feststellung „des unentschuldigten Ausbleibens des Angeklagten“ beschränkt. (Vgl. § 452. d. StrPrO. und die Motive dazu, wonach beim Ausbleiben des Angeschuldigten im Termin eine Prüfung und Entscheidung in der Sache selbst unterbleiben und lediglich die Verwerfung des Einspruchs auf Grund der Annahme, daß der Einspruch nicht ernstlich gemeint gewesen sei, erfolgen soll.)

Die Vorschrift des § 361. der StrPrO. erleidet durch den § 22. des gegenwärtigen Gesetzes eine Abänderung dahin, daß die Zustellung der auf die Berufung des Amtsanwalts bezüglichen Schriftstücke an den Angeklagten durch den Amtsrichter zu veranlassen ist. Erst nachdem dies geschehen ist, erfolgt die Vorlegung der Akten an den Amtsanwalt, der sie alsdann nach Maßgabe des § 362. d. StrPrO. dem Staatsanwalt bei dem Landgericht übersendet.

Über Zuständigkeit und Besetzung der Berufungsgerichte siehe die Anm. 3. u. 4. zum § 19. —

den §§ 6. und 8. vorgesehenen strafbaren Handlungen den Gegenstand der Untersuchung bildet[1]).

§ 33.

Die Vollstreckung der Strafbefehle und der Urtheile erfolgt durch den Amtsrichter[1]) [2]).

---

1) Abgesehen von dieser Einschränkung der Revision auf die Fälle, wo eine Zuwiderhandlung gegen § 6. oder § 8. in Frage ist, hat das Gesetz besondere Vorschriften hinsichtlich der Revision nicht gegeben. Es bewendet daher bei den allgemeinen Bestimmungen der StrPrO. (§§ 375.—398. und 338.—345.), unter denen namentlich diejenige des § 380. zu beachten ist.

Zuständig für die Verhandlung und Entscheidung über die Revision ist der Strafsenat des Kammergerichts in Berlin in der Besetzung von fünf Mitgliedern. (DGVG. §§ 120. 123. Nr. 2. 124. und PrGVG. § 50.)

Die Frage: ob eine die Revision begründende Handlung den Gegenstand der Untersuchung bildet, ist nach dem der Anklage zu Grunde liegenden Tatbestande zu bestimmen, nicht etwa nach dem Tatbestande, wie ihn der Berufungsrichter festgestellt hat. War also die Anklage aus § 6. erhoben und eingeleitet, so wird die Revision gegen das Berufungsurteil dadurch nicht ausgeschlossen, daß der Berufungsrichter nur eine Zuwiderhandlung gegen § 1. als vorliegend angenommen hat. (KUrt. v. 24. Nov. 1881. Joh. Bd. 3 S. 233.)

1) Die Vorschrift ist als eine Ausführungsbestimmung des § 483. Abs. 3. der StrPrO. aufzufassen (Vgl. diesen oben in Anm. 1 zu § 20 S. 63). Im allgemeinen ist die Strafvollstreckung Sache der Justizverwaltung; bei ihrer Betreibung ist daher der Amtsrichter als Organ der Justizverwaltung in derselben Weise tätig wie der Staatsanwalt. Der Amtsrichter ist daher auch (§ 489. d. StrPrO.) befugt, die Mitwirkung der der Staatsanwaltschaft untergeordneten polizeilichen Organe bei der Strafvollstreckung — zwar nicht durch Beauftragung, wohl aber durch Ersuchen — in Anspruch zu nehmen. (RUrt. v. 24. April 1891. URStr. Bd. 21. S. 424.)

Im übrigen gelten für die Strafvollstreckung die Vorschriften in den §§ 481. 482. 487.—494. der StrPrO. Die Stellung der Anträge für die bei der Strafvollstreckung notwendig werdenden gerichtlichen Entscheidungen (StrPrO. §§ 490. bis 494.) liegt dem Amtsanwalte ob (vgl. Geschäftsanweisung für die Amtsanwälte vom 28. August 1879 Art. 107).

Mit Bezug auf den § 481. d. StrPrO. ist zu bemerken: Die Rechtskraft tritt ein:

I. bei dem Strafbefehle:

a) im Falle des Verzichts auf den Einspruch mit dem Zeitpunkte, wo dieser Verzicht bei dem Amtsrichter eingeht;

b) andernfalls mit dem Ablaufe des nicht wahrgenommenen Einspruchstermins; — Siehe Anm. 1. zum § 28. —

II. bei dem in erster Instanz erlassenen Urteile;

a) im Falle nicht eingelegter Berufung, mit dem Ablaufe der beiderseitigen Berufungsfrist (eine Woche seit der Verkündigung oder Zustellung — StrPrO. §§ 355. bis 357. —) oder auch schon vor Ablauf jener Frist mit dem Zeitpunkte des beiderseitigen Verzichts auf die Berufung (StrPrO. § 344.);

b) im Falle einseitig eingelegter Berufung, mit dem Zeitpunkte der Zurücknahme des eingelegten Rechtsmittels (sofern diese nach Ablauf der gegnerischen Berufungsfrist erfolgt) oder mit dem Ablaufe der gegnerischen Berufungsfrist (sofern die Zurücknahme schon vorher erfolgt) (StrPrO. § 344.);

c) im Falle beiderseitig eingelegter Berufung, mit dem Zeitpunkte der letzterfolgenden Zurücknahme des Rechtsmittels (StrPrO. § 344.).

III. bei dem in der Berufungsinstanz erlassenen Urteile:

a) in den Fällen einer Zuwiderhandlung gegen die §§ 6. oder 8. nach Maßgabe der Grundsätze unter II. a. b. c., je nachdem von keiner Seite, oder einseitig oder beiderseitig die Revision eingelegt wurde;

b) in den Fällen anderer nach diesem Gesetze zu verfolgender Zuwiderhandlungen, mit dem Zeitpunkte der Urteils-Verkündung; — Vgl. § 32. —

IV. bei dem in der Revisionsinstanz erlassenen Urteile mit dem Zeitpunkte der Urteilsverkündung.

2) Durch einen ohne Einspruch gebliebenen forststrichterlichen Strafbefehl wird die Erhebung einer öffentlichen Anklage wegen Diebstahls nicht gehindert, trotzdem der Antrag auf

§ 34.

Eine auf Grund dieses Gesetzes ausgesprochene und eingezogene Geldstrafe[1]) fließt dem Beschädigten zu. Diese Bestimmung bezieht sich nicht auf eine im Falle des § 8. erkannte Zusatzstrafe[2]).

Erlaß der Strafverfügung die Qualifikation der Handlung als Diebstahl bereits erkennen ließ und trotzdem im allgemeinen der Grundsatz gilt: ne bis in idem (RUrt. v. 14. Dez. 1886. URStr. Bd. 15. S. 112. vgl. das. Bd. 4. S. 243 Bd. 9 S. 321.)

1) Daß auch die Wertsersatzgelder dem Beschädigten zufließen, folgt schon aus § 9.

2) Ebensowenig erstreckt sich die Bestimmung des ersten Satzes auf die durch die Strafe der Einziehung betroffenen Gegenstände: vielmehr erfolgt die Einziehung im Falle des § 17. zugunsten der Armenkasse des Wohnorts des Verurteilten, in allen anderen Fällen (§ 16.) zugunsten der Staatskasse.

Wertsersatz und Geldstrafen (vgl. auch oben § 15. Anm. 3.) werden bei der Einziehung gleich behandelt. Über ihre Einziehung, Verrechnung oder Ablieferung vgl. die Instruktion des Just.-Min. für die Verwaltung der Kassen bei den Justiz-Behörden vom 31. März 1900 (JMBl. S. 103 ff.) insbesondere §§ 8. 12. 14. 42. ff. 55. Vgl. ferner Gesch.-Anw. für die Gerichtsvollzieher v. 1. Dez. 1899 (JMBl. S. 627.) § 90.

Durch Allerh. Erl. v. 15. Dez. 1880 (JMBl. S. 31) ist

„in Ergänzung der Allerh. Erlasse v. 11. Okt. 1830, 21. April 1866 und v. 26. Sept 1868 und unter entsprechender Beschränkung der dem Just. Minister durch den Allerh. Erlass v. 26. Sept. 1868 für die neuen Landesteile übertragenen Befugnisse, dem Landw. Min. die Ermächtigung erteilt, in allen Forstkontraventionsfällen, einschliesslich der Forstdiebstähle, Geldstrafen, welche den Betrag von 30 Mark nicht übersteigen, ganz oder teilweise zu erlassen“.

Das Verfahren hinsichtlich der Prüfung und Berichterstattung über Gnadengesuche ist durch nachstehenden Erlaß des Landw.-Min. vom 24. Nov. 1893. (BMBl. S. 272.) geordnet.

Das hinsichtlich der Prüfung und Berichterstattung über Gnadengesuche um Erlass oder Ermässigung von Forststrafen durch die Verf. des Herrn Finanz-Min. v.

Weist der Beschädigte im Falle der Nichteinziehbarkeit der Geldstrafen Arbeiten, welche den Erfordernissen

---

11. Jan. 1870 (VMBl. S. 164) vorgeschriebene Verfahren bedarf mit Rücksicht auf die grosse Zahl der zur Vorlage kommenden bezüglichen Gesuche einer Vereinfachung.

Unter Aufhebung dieser Verfügung wird daher folgendes bestimmt.

1. Gesuche der vorgedachten Art, welche dem Herrn Reg. Präsidenten bezw. der Kgl. Regierung zur Berichterstattung zugefertigt werden, sind dortseits zunächst mit dem Ersuchen um Rückgabe nach gemachtem Gebrauche, um Mitteilung der in der betr. Untersuchung verhandelten Gerichtsakten und um gutachtliche Äusserung über das Gesuch selbst, derjenigen Justizbehörde zuzustellen, welcher die Sorge für die Vollstreckung des Strafurteils obliegt.

2. Nachdem die betr. Justizbehörde das erforderte Gutachten abgegeben und die Akten übersandt hat, ist aus denselben ein kurzer Aktenauszug zu fertigen, welcher nur das Wesentlichste aus dem Tenor und den Gründen des Erkenntnisses oder aus dem Strafbefehl enthält. Demnächst ist das Gesuch dortseits einer sorgfältigen Prüfung zu unterziehen und zu erwägen, in wie weit es nötig erscheint, vor der Berichterstattung an mich nähere Ermittelungen durch die betreffenden Verwaltungsbehörden anzustellen und deren Äusserungen zu erfordern.

3. Die Berichte sind künftig nicht in jedem einzelnen Falle, sondern vierteljährlich in Form von Nachweisungen zu erstatten, für welche das hier beigefügte Formular (Anl. a. abgedruckt im Anhang als Anlage 10 unten S. 130) anzuwenden ist. In der Nachweisung sind nicht allein diejenigen Umstände, welche an sich für oder gegen das Gesuch sprechen, sondern auch die persönlichen Verhältnisse der Bittsteller und die Fragen näher zu erörtern, ob und wieweit die letzteren einer gnadenmässigen Berücksichtigung würdig und bedürftig sind.

Bezüglich aller von den Bittstellern zur Unterstützung ihrer Anträge aufgestellten tatsächlichen Behauptungen ist, auch wenn dieselben für unerheblich erachtet werden, wenigstens deren faktische Richtigkeit oder des § 14. entsprechen, der Behörde nach, so soll der

---

Unrichtigkeit zu konstatieren. Nötigenfalls sind auch die gutachtlichen Äusserungen der Justizbehörden einer besonderen Erwägung zu unterziehen.

Als Termin für die Vorlegung der Nachweisungen werden der 15. April, 15. Juli, 15. Oktober u. 15. Januar bestimmt. Bezüglich der mit der Stroh- u. Futternot dieses Jahres in Verbindung stehenden Gnadengesuche sind die Berichte bis zum Beginn des neuen Etatsjahres, jedoch allmonatlich, und zwar am 15. zu erstatten. Hierbei ist in jedem Falle zu erwägen, ob die Anhörung des Landrats angezeigt erscheint. Vakatanzeigen sind nicht erforderlich.

4. die Nachweisungen sind getrennt aufzustellen
   a) für diejenigen Straffälle, welche sich auf fiskalische Forsten beziehen,
   b) für alle übrigen Straffälle.

Die zu den Nachweisungen gehörigen Belege sind zu einem Hefte zu vereinigen und mit Seitenzahlen zu versehen.

5. Die diesseits getroffene Entscheidung wird in Spalte 8 der Nachweisungen eingetragen werden. Ein Auszug aus derselben hinsichtlich der Kolonnen 1, 2, 3, 4, u. 8 wird demnächst zur weiteren Veranlassung insbesondere behufs Bescheidung der Bittsteller und Benachrichtigung der beteiligten Justiz- bezw. Verwaltungsbehörden, dorthin mitgeteilt werden.

In den Bescheiden an diejenigen Bittsteller, welche Immediat-Vorstellungen eingereicht haben, muss — worauf ich zur sorgfältigen Beachtung noch besonders hinweise — hervorgehoben werden, dass die Vorstellung auf Allerh. Befehl an mich zur Prüfung und Bescheidung abgegeben worden, und dass die diesseitige Entscheidung nach eingehender Prüfung der Verhältnisse der Bittsteller erfolgt sei.

Die bisher vorgeschriebene Anzeige, dass die Bescheidung der Bittsteller usw. geschehen, ist künftig nicht mehr erforderlich.

Hervorzuheben ist, daß das Begnadigungsrecht des Landw.-Min. sich nur auf Geldstrafen, nicht auf Gefängnisstrafen bezieht.

Verurtheilte zu deren Leistung angehalten werden. Diese

Der gnadenweise Erlaß einer ausgesprochenen Verpflichtung zum Wertsersatz nach den für den Erlaß von Strafen geltenden Vorschriften ist unzulässig, weil dieser Wertsersatz nicht als Nebenstrafe anzusehen ist. (Vgl. Anm. 2. zu § 9. oben S. 32.) Soweit der Forstdiebstahl in einem Staatsforste begangen ist, kann zwar durch Allerhöchste Bestimmung auf einen Schadensersatzanspruch verzichtet werden. Dieses kann aber nur nach den allgemeinen Grundsätzen für den Verzicht auf vermögensrechtliche Ansprüche des Staats (Ges. über den Staatshaushalt v. 11. Mai 1898 § 18.) geschehen, insbesondere kann der Verzicht nicht in den für die Befürwortung des Erlasses von Strafen bestehenden vorbezeichneten Tabellenberichten beantragt werden.

Der an den Just.-Min. gerichtete Allerhöchste Erlaß v. 23. Okt. 1895 (JMBl. S. 348.) bestimmt:

> Auf Ihren Bericht v. 15. Okt. d. I. ermächtige ich Sie, solchen zu Freiheitsstrafe verurteilten Personen, hinsichtlich deren bei längerer guter Führung eine Begnadigung in Aussicht genommen werden kann, nach Ihrem Ermessen Aussetzung der Strafvollstreckung zu bewilligen, indem ich in den dazu geeigneten Fällen demnächst Ihrem Bericht wegen Erlasses oder Milderung der Strafe entgegensehen will. Von dieser Ermächtigung soll jedoch vornehmlich nur zugunsten solcher erstmalig verurteilter Personen Gebrauch gemacht werden, welche zur Zeit der Tat das achtzehnte Lebensjahr nicht vollendet haben und gegen welche nicht auf eine längere als sechsmonatige Strafe erkannt ist.

Nach dem hierzu ergangenen Ausführungserlaß des Just.-Min. v. 19. Nov. 1895 unter Nr. 1. waren von den in die Prüfung einzubeziehenden Verurteilten diejenigen ausgenommen, „hinsichtlich deren das Begnadigungsrecht anderen Verwaltungschefs Allerhöchst übertragen ist.“ Hierauf bezieht sich aber folgender Just.-Min.-Erl. vom 16. März 1896:

> Denjenigen Verurteilten, hinsichtlich deren das Begnadigungsrecht durch die Allerhöchste Ordre vom 15. Dez. 1880 — siehe oben — dem Min. für Landw., Dom. und Forsten übertragen ist, soll fortan unter den in dem Allerhöchsten Erl. v. 23. Okt. 1895 bezeichneten Voraussetzungen gleichfalls ein Strafaufschub bewilligt

Nachweisung ist nicht mehr zu berücksichtigen, sobald mit der anderweiten Vollstreckung der Strafe begonnen ist[3]).

---

werden. Im Einvernehmen mit dem gedachten Herrn Min. wird daher angeordnet, dass die Cirk-. Verf. vom 19. Nov. 1895 bezüglich der erwähnten Verurteilten zur entsprechenden Anwendung gebracht wird, dass jedoch hierbei an Stelle des Just. Min. überall der Landw. Min. tritt und dass die nach der Verf. von den Amtsgerichten an die ersten Staatsanwälte zu sendenden Verzeichnisse, Anzeigen, Mitteilungen usw., auch soweit sie für den Min. bestimmt sind, den zuständigen Königl. Regierungen unmittelbar einzureichen sind. Etwaigen Ersuchen der letzteren um Äusserungen usw. haben die Ersten Staatsanwälte selbstverständlich auch in den hier fraglichen Sachen zu entsprechen. Ausserdem ist Folgendes zu beachten:

1. Die fraglichen Verurteilten sind in die Prüfung nur dann einzubeziehen, wenn nicht nur die Unbeitreiblichkeit der Geldstrafe, sondern auch feststeht, dass die subsidiär erkannte Freiheitsstrafe auch nicht durch Anhaltung zu Forst- und Gemeindearbeiten vollstreckt werden kann (§§ 14. 34. des FDGes.).

— — — — — — — — — — — — — — — —

Die geschäftliche Behandlung dieser Angelegenheiten ist durch mehrere Erlasse des Just.-Min. (veröffentlicht in: von Marck und Kloß, die Staatsanwaltschaft bei den Land- u. Amtsgerichten in Preußen, 2. Aufl. 1903, § 163. S. 557. ff.) u. durch die an die Regierungs-Präsidenten und Regierungen gerichteten Allgem. Verf. des Landw.-Min. v. 27. März u. 31. Aug. 1896 geregelt.

3) Voraussetzung der Vorschrift des Abs. 2. ist, daß im vorliegenden Falle der erkennende Richter die Arbeit statt der Gefängnisstrafe zugelassen hat. (Vgl. Anm. 2 zum § 14 oben S. 14.) Hat der Richter die Arbeit nicht ausdrücklich zugelassen (z. B. weil der Verurteilte krüppelhaft, oder zu alt, oder zu jung ist), dann hat der Beschädigte nicht das Recht, die Arbeit zu fordern, vielmehr ist nach Feststellung der Nichteinziehbarkeit der Geldstrafe sofort die Gefängnisstrafe zu vollstrecken. Hat aber der Richter die Arbeit statt der Gefängnisstrafe zugedassen, so kann diese Strafarbeit selbst dann (zugunsten der öffentlichen Verwaltung) vollstreckt werden, wenn der Beschäligte seinerseits einen Arbeits-Nachweis nicht (oder zu spät) erbracht hat. Der Beschädigte darf übrigens nur solche Ar-

§ 35.

Der Amtsrichter ist befugt, wenn der Verurtheilte zu der Gemeinde gehört, welcher die erkannte Entschädigung und Geldstrafe zufällt, die Beitreibung dieser Entschädigung [1]) und Geldstrafe nebst den Kosten [2]) der Gemeindebehörde in der Art aufzutragen, daß sie die Einziehung auf dieselbe Weise zu bewirken hat, wie die Einziehung der Gemeindegefälle [3]). Es dürfen jedoch dem Verurtheilten keine Mehrkosten erwachsen.

§ 36.

Steht mit einer Zuwiderhandlung gegen dieses Gesetz ein nach § 361. Nr. 9. des Strafgesetzbuchs strafbares Nichtabhalten von der Begehung von Forstdiebstählen im Zusammenhange*), so findet auch auf diese Ueber-

---

beiten dem Richter in Vorschlag bringen, an denen er selbst ein Interesse hat. Der Nachweis anderer Arbeiten ist vom Richter nicht zu berücksichtigen. (Vgl. im übrigen die Anmerkungen zum § 14. und AStV. S. 1833.)

1) Unter dieser „erkannten Entschädigung“ ist lediglich der Wertsersatz zu verstehen; denn nur diese eine Art des Schadensersatzes wird durch den Strafrichter dem Verurteilten auferlegt, jeder andere Schadensersatz ist im Zivilprozesse geltend zu machen. (Vgl. § 9.)

Voraussetzung ist, daß der Verurteilte zu der Gemeinde gehört, welcher Wertsersatz und Geldstrafe zufallen.

2) Auf die Kosten hat die Gemeinde keinen Anspruch; dieselben sind von ihr an die Staatskasse abzuführen.

3) Diese geschieht nach der Verordnung betr. das Verwaltungszwangsverfahren wegen Beitreibung von Geldbeträgen v. 15. Nov. 1899. (Ges.-S. S. 545.) Ausführungserlaß dazu vom 28. Nov. 1899.

*) Ein Zusammenhang ist (vgl. StrPrO. § 3.) vorhanden „wenn eine Person mehrerer strafbarer Handlungen beschuldigt wird, oder wenn bei einer strafbaren Handlung mehrere Personen als Thäter, Theilnehmer, Begünstiger oder Hehler beschuldigt werden.“

Den Text des § 361. Nr. 9. des StrGB. siehe in der Anm. 5 zum § 11 oben S. 35.

tretung das in diesem Gesetze vorgeschriebene Verfahren Anwendung.

§ 37.

Für das weitere Verfahren in den am Tage des Inkrafttretens dieses Gesetzes anhängigen Sachen finden die Vorschriften der §§ 8. und ff. des Einführungsgesetzes zur Strafprozeßordnung entsprechende Anwendung [1]).

§ 38.

Dieses Gesetz tritt mit dem in dem § 39. bezeichneten Zeitpunkte an die Stelle des Gesetzes vom 2. Juni 1852, den Diebstahl an Holz und anderen Waldprodukten betreffend. (Gesetz-Sammlung 1852, S. 305) [1]).

Ein „strafbares Nichtabhalten“ von der Begehung von Forstdiebstählen im Sinne des § 361. Nr. 9. d. StrGB. wird regelmäßig schon dann anzunehmen sein, wenn wiederholte Forstdiebstähle bei einem oder mehreren der Aufsicht desselben Gewalthabers unterstehenden Hausgenossen erwiesen sind. Daß diese Forstdiebstähle auch zum Gegenstande einer Untersuchung gemacht worden sind, ist nicht erforderlich.

Je nachdem gleichzeitig mit der Übertretung des § 361. Nr. 9. des StrGB. eine Zuwiderhandlung gegen die §§ 6. oder 8. des gegenwärtigen Gesetzes oder eine andere Zuwiderhandlung gegen dieses Gesetz in Betracht kommt, ist die öffentliche Klage durch die Einreichung einer Anklageschrift (§ 30.) oder durch den Antrag auf Erlaß eines Strafbefehls (§ 27.) zu erheben. —

1) Diese Übergangsbestimmungen haben keine praktische Bedeutung mehr.

1) Der Abs. 1. lautete nach der Regierungs-Vorlage (dort § 36.):

„Alle dem gegenwärtigen Gesetze entgegenstehenden Bestimmungen sind aufgehoben. Im besonderen tritt außer Kraft das Gesetz vom 2. Juni 1852, den Diebstahl an Holz und anderen Waldprodukten betreffend.“

Das Herrenhaus fand Bedenken gegen die Fassung der Regierungs-Vorlage: „Der erste Satz verstehe sich von selbst, und „die Erklärung, daß das Gesetz vom 2. Juni 1852 außer

Kraft trete, könne Zweifel inbetreff der Bestrafung der in „dem Augenblick, in welchem dieses Gesetz in Kraft trete, schon „begangenen, aber noch nicht abgeurteilten Zuwiderhandlungen „erregen“. (HKB. S. 17.) Es wurde deshalb die gegenwärtige Fassung gewählt, ohne daß darum der für die Fassung der Regierungs-Vorlage (vgl. Motive zum § 36.) maßgebende Gedanke: „Die Aufhebung aller Bestimmungen des HDG. v. 2. Jun. 52, „also auch derjenigen, welche in dem neuen Gesetze nicht durch „entsprechende neue Bestimmungen ersetzt sind, außer Zweifel „zu stellen,“ aufgegeben worden wäre.

Zu derartigen Bestimmungen des HDG., die keinen Ersatz in dem gegenwärtigen Gesetze gefunden haben, zählen:

Der § 15., der bezüglich des Abs. 2. selbstverständlich ist, bezüglich des Abs. 1. aber jede Bedeutung verloren hat, seitdem der § 59. T. I. d. Preuß. Militärstrafgesetzbuchs v. 3. April 1845 durch den § 29. d. Reichs-Militärstrafgesetzbuchs v. 20. Juni 1872 ersetzt ist;

Die §§ 22. Abs. 2. und 23., (Siehe Anm.*) zum § 16. unter „II. Pfändungen“ (oben S. 53).

Der § 31., der dem Grundsatze einer freien richterlichen Beweiswürdigung (§ 260. d. StrPrO.) widerstreitet. (Siehe Anm. 1. zum § 25 oben S. 72.)

Der letzte Satz des § 35. (Siehe Anm. 2. zum § 25 oben S. 73.)

Der § 44., der in dem (gleichzeitig mit dem Entwurfe dieses Gesetzes dem Landtage vorgelegten, aber nicht zur Verabschiedung gelangten) Entwurf eines Feld- und Forst-Polizeigesetzes (vgl. daselbst § 34. Nr. 1.) Aufnahme gefunden hatte, und jetzt durch § 36. Nr. 1. des Feld- u. Forstpolizeigesetzes v. 1. April 1880 ersetzt ist.

Der § 46., der im Wege der Reichsgesetzgebung (vgl. § 143. der Gewerbe-Ordnung v. 21. Juni 1869. und § 5. des Einführungsgesetzes zum StrGB.) beseitigt ist;

Der § 49., an dessen Stelle der § 261. der DStrPrO. getreten ist;

Die §§ 50. 51., von denen der erste selbstverständlich, der andere veraltet ist, und

Der § 52., der zum Teile selbstverständlich, zum Teile veraltet ist.

Indem das gegenwärtige Gesetz an die Stelle des HDG. vom 2. Juni 52 tritt, bildet es zugleich den Ersatz für die dieses betreffenden nachträglichen Einführungs-Verordnungen und Gesetze, nämlich für

Wo in einem Gesetze auf die bisherigen Bestimmungen über den Holz- (Forst-) Diebstahl verwiesen ist[2]), treten die Vorschriften des gegenwärtigen Gesetzes an deren Stelle.

§ 39.

Dieses Gesetz tritt gleichzeitig mit dem Gerichtsverfassungsgesetze in Kraft*).

---

die Verordnung v. 13. Mai 1857. (Ges. Samml. S. 700.)
die Verordnung v. 22. Mai 1867. (Ges. Samml. S. 729.)
die Verordnung v. 25. Juni 1867. (Ges. Samml. S. 921.)
und
das Ges. v. 4. Dzbr. 1869. (Wochenblatt f. d. Herzogtum Lauenburg v. 27. Dezember 1869. S. 77.).

Alle diese Verordnungen treten außer Kraft.

2) Siehe beispielsweise den § 1. des Gesetzes v. 31. März 1837 über den Waffengebrauch der Forstbeamten. (Ges. Samml. S. 65.)

*) Nämlich am 1. Oktober 1879. (Vgl. Einführungsgesetz zum DGVG. § 1.)

Mit demselben Zeitpunkte ist auch die StrPrO. in Kraft getreten. (Vgl. Einführungsges. zur StrPrO. § 1.)

Anhang.

Muster I zur Just.-Min.-Verf. v. 29. Juli 1879 (Just.-Min.-Verf. v. 18. April 1900).

Anlage 1 (Vgl. § 26 Anm. 4. S. 74.)

Antrag des Amtsanwalts auf Erlaß eines Strafbefehls							Inhalt des richterlichen Strafbefehls								Die Zustellung des Strafbefehls ist beurkundet	Erledigt durch Urteil 1. Instanz		Bemerkungen
			Haftstrafe § 361 Nr. 9 StGB.							Haftstrafe § 361 Nr. 9 StGB.								
Strafgesetz	Geldstrafe ℳ	Gefängnisstrafe od. Strafarb. f. d. Unvermögensfall Tage	für den Unvermögensfall Tage	in erster Linie Tage	Wertersatz ℳ	Einziehung	Strafgesetz	Geldstrafe ℳ	Gefängnisstrafe od. Strafarb. f. d. Unvermögensfall Tage	für den Unvermögensfall Tage	in erster Linie Tage	Wertersatz ℳ	Einziehung	Empfangsberechtigter für Geldstrafe und Wertersatz	Bl.	auf Einspruch gegen den Strafbefehl	nach Ablehnung des Antrags auf Erlaß eines Strafbefehls	
7.							8.								9.	10.		11.
a.	b.	c.	d.	e.	f.	g.	a.	b.	c.	d.	e.	f.	g.	h.		a.	b.	

(Noch

Laufende Nummer zur Bezeichnung des Straffalls	Laufender Buchstabe z. Bezeichnung der bei einem Straffalle Beteiligten	Name, Vorname, Beruf, Wohnort oder Aufenthaltsort, Alter des Beschuldigten	Vorbestrafungen: Tag der begangenen Tat	Vorbestrafungen: Tag des Strafbefehls oder Urteils	Vorbestrafungen: Tag der Rechtskraft	I. Inhalt der Beschuldigung nach Tat, Gegenstand, Zeit Ort und näheren Umständen, welche eine Erhöhung der ordentlichen Strafe oder eine Zusatzstrafe rechtfertigen. II. Bezeichnung d. Zeugen und des Grundes ihrer Wissenschaft. III. Bezeichnung der in Beschlag genommenen Gegenstände. IV. Benennung des Beschädigten	Wert des Entwendeten ℳ
1.	2.	3.	4. a.	4. b.	4. c.	5.	6.
•	a.	Tietz, Gust., Dienstknecht zu Gershagen, 17 Jahre alt.	1) 9. 10. 1900 2) 25. 9. 1901	3. 12. 1900 13. 11. 1901	13. 12. 1900 28. 12. 1901	I. Diebstahl an einer Kiefernstange 4. Kl. verübt am 10. 3. 1902 Vormittags 9 Uhr, in der Gershagener Heide. II. Forstaufseh. Schütz I zu Gershagen; Zugeständnis. IV. Königl. Forstfiskus.	0,15
	b.	Schmidt, August, Eigentümer zu Gershagen, 35 Jahre alt.				I. Haftbar als Dienstherr wegen der Tat des Tietz.	
		Lehmann, Fritz, Kossäth, zu Trebbin, Alter nicht genau bekannt, jedenfalls über 18 Jahre alt.				I. Diebstahl an 40 Kiefernstangen 3. Kl. am 27. 3. 1902, Nachts 2 Uhr, in der Gershagener Heide, mittels Säge, z. Zwecke der Veräusserung des Entwendeten; II. Arbeiter Kunze aus Wilmersdorf, bei der Tat beobachtet; Förster Albrecht die Spur verfolgt. III. Die bei dem Diebstahl benutzte Säge. IV. Königl. Forstfiskus.	20,00
						Gershagen, den 5. April 1902. Albrecht, Königl. Förster.	

Muster I.

Antrag des Amtsanwalts auf Erlaß eines Strafbefehls							Inhalt des richterlichen Strafbefehls								Die Zustellung des Strafbefehls ist beurkundet	Erledigt durch Urteil 1. Instanz		Bemerkungen
Strafgesetz	Geldstrafe	Gefängnisstrafe od. Strafarb. f. d. Unvermögensfall	Haftstrafe § 361 Nr. 9 StGB. für den Unvermögensfall	Haftstrafe § 361 Nr. 9 StGB. in erster Linie	Werterjatz	Einziehung	Strafgesetz	Geldstrafe	Gefängnisstrafe od. Strafarb. f. d. Unvermögensfall	Haftstrafe § 361 Nr. 9 StGB. für den Unvermögensfall	Haftstrafe § 361 Nr. 9 StGB. in erster Linie	Wertersatz	Einziehung	Empfangsberechtigter für Geldstrafe und Wertersatz		auf Einspruch gegen den Strafbefehl	nach Ablehnung des Antrags auf Erlaß eines Strafbefehls	
	M	Tage	Tage	Tage	M			M	Tage	Tage	Tage	M			Bl.			
7. a.	b.	c.	d.	e.	f.	g.	8. a.	b.	c.	d.	e.	f.	g.	h.	9.	10. a.	b.	11.

(Noch Muster I.)

Laufende Nummer zur Bezeichnung des Straffalls	Laufender Buchstabe z. Bezeichnung der bei einem Straffalle Beteiligten	Name, Vorname, Beruf, Wohnort oder Aufenthaltsort, Alter des Beschuldigten	Vorbestrafungen: Tag der begangenen Tat	Vorbestrafungen: Tag des Strafbefehls oder Urteils	Vorbestrafungen: Tag der Rechtskraft	I. Inhalt der Beschuldigung nach Tat, Gegenstand, Zeit, Ort und näheren Umständen, welche eine Erhöhung der ordentlichen Strafe oder eine Zusatzstrafe rechtfertigen. II. Bezeichnung der Zeugen und des Grundes ihrer Wissenschaft. III. Bezeichnung der in Beschlag genommenen Gegenstände. IV. Benennung des Beschädigten.	Wert des Entwendeten ℳ
1.	2.	3.	4. a.	b.	c.	5.	6.

Probe-Ausfüllung von Muster I Spalte 2—6.

Anlage 2. (Vgl. § 26 Anm. 4 S. 77.)

Laufende Nummer zur Bezeichnung des Straffalles	Laufender Buchstabe zur Bezeichnung der bei einem Straffalle Beteiligten	Name, Vorname, Beruf, Wohnort oder Aufenthaltsort, Alter des Beschuldigten	Vorbestrafungen: Tag der begangenen Tat	Vorbestrafungen: Tag des Strafbefehls oder Urteils	Vorbestrafungen: Tag der Rechtskraft	I. Inhalt der Beschuldigung nach Tat, Gegenstand, Zeit, Ort und näheren Umständen, welche eine Erhöhung der ordentlichen Strafe oder eine Zusatzstrafe rechtfertigen. II. Bezeichnung der Zeugen und des Grundes ihrer Wissenschaft. III. Bezeichnung der in Beschlag genommenen Gegenstände. IV. Benennung des Beschädigten.	Wert des Entwendeten ℳ
1.	2.	3.	4. a	4. b.	4. c.	5.	6.
	a.	Schulz, Friedrich, Arbeiter zu Friedrichshagen, 20 Jahre alt.	1) 24. 8. 1900 2) 22. 12. 1901	1. 10. 1900 13. 2. 1902	3. 1. 1901 20. 2. 1902	I. Diebstahlsversuch, in Gemeinschaft mit seinem 10jähr. Bruder Christoph, an einer Kiefernstange 3. Kl. am 27. 2. 1902 nachm. 4 Uhr in der Friedrichshagener Heide mittels Säge. II. Forstaufseher Schütz II zu Neurode, auf der Tat betroffen. III. Die benutzte Säge. IV. Kgl. Forstfiskus.	0,80
	b.	Schulz, Carl, Arbeiter zu Friedrichshagen, etwa 50 Jahre alt.				I. Hat es unterlassen, seinen 10jähr. Sohn Christoph von der Begehung des mit Friedrich Schulz gemeinschaftlich verübten Forstdiebstahls abzuhalten.	
		Kasper, Peter, Maurer zu Friedrichshagen, jedenfalls über 18 Jahre alt.	—	3. 12. 1901	15. 1. 1902	I. Gewahrsam an 8 Birkenstangen 3. Kl., welche frisch gefällt und nicht forstmässig zugerichtet waren; am 10. 3. 1902 morgens 6 Uhr in seiner Wohnung. Inhaber konnte sich über den redlichen Erwerb nicht ausweisen. II. Forstaufseher Schütz II zu Neurode u. Amtsvorsteher Günther zu Friedrichshagen; Haussuchung.	6,40
						Friedrichshagen, den 12. April 1902. Meyer, Kgl. Förster.	

An-
ges.
Vgl.
26
m. 4
.77.)

Probe-Ausfüllung von Muster I Spalte 2—6.

Laufende Nummer zur Bezeichnung des Straffalles	Laufender Buchstabe z. Bezeichnung der bei einem Straffalle Beteiligten	Zuname, Vorname, Beruf, Wohnort oder Aufenthaltsort, Alter des Beschuldigten	Vorbestrafungen: Tag der begangenen Tat	Vorbestrafungen: Tag des Strafbefehls oder Urteils	Vorbestrafungen: Tag der Rechtskraft	I. Inhalt der Beschuldigung nach Tat, Gegenstand, Zeit, Ort und näheren Umständen, welche eine Erhöhung der ordentlichen Strafe oder eine Zusatzstrafe rechtfertigen. II. Bezeichnung der Zeugen und des Grundes ihrer Wissenschaft. III. Bezeichnung der in Beschlag genommenen Gegenstände. IV. Benennung des Beschädigten.	Wert des Entwendeten ℳ
1.	2.	3.	4. a.	b.	c.	5.	6.
	a.	Rückert, August, Mieterssohn zu Kolonie Kernsdorf, 14 Jahre alt (geb. am 1. April 1888).	1) 3. 9. 1901 2) 6. 12. 1901	3. 11. 1901 2. 1. 1902	5. 12. 1901 3. 2. 1902	I. Diebstahl an einer Kiefernstange 3. Kl. am 18. 3. 1902, abends 10 Uhr, im Schutzbezirk Kernsdorf, Jagen 7. Das Vorhandensein der Einsicht in die Strafbarkeit ergibt sich aus den Vorbestrafungen. II. Kolonist Busch zu Kolonie Kernsdorf; bei der Tat betroffen. IV. Kgl. Forstfiskus.	0,15
	b.	Rückert, August, Mieter zu Kolonie Kernsdorf, 60 Jahre alt.				I. Haftbar als Vater für den Diebstahl des unter seiner Gewalt stehenden Sohnes.	
						Kernsdorf, den 12. April 1902. Hahn, Kgl. Förster.	

Muster II zur Just.-Min.-Verf. v. 29. Juli 1879 (Just.-Min.-Verf. v. 18. April 1900). **Anlage 4.** (Vgl. § 26 Anm 4. S. 74 u. 77.)

Verzeichnis

der innerhalb des Amtsgerichtsbezirks Finsterwalde und zwar
in dem Königl. Forstrevier Niendorf
in den Forstschutzbezirken Gershagen, Friedrichshagen u. Kernsdorf

während des Monates März 1903

angezeigten Vergehen und Übertretungen, welche dem durch das Forstdiebstahlsgesetz vom 15. April 1878 vorgeschriebenen Strafverfahren unterliegen.

---

1. Einspruchs-Termin
ten 19 , mittags Uhr

2. Strafbefehle zuzustellen.

3. Vorzulegen dem Herrn Amtsanwalt.

, den ten 19

Das Amtsgericht.

Kenntnis genommen

den ten 19

Der Amtsanwalt.

Der Amtsanwalt.

Niendorf, den 15ten April 1903.

Urschriftlich

An das Amtsgericht
in
Finsterwalde

mit dem Antrage, gegen die unter den Nummern 1. 3. 4 u. 5 aufgeführten Angeschuldigten nach Maßgabe der Eintragungen in Spalte 7 des Verzeichnisses Strafbefehle zu erlassen.

Gegen die unter Nummer 2 aufgeführte Person ist auf Grund des § 30 des Forstdieb-diebstahlsgesetzes ein besonderes Verfahren eingeleitet.

Fuchs,
Oberförster.

Laufende Nummer zur Bezeichnung des Straffalles	Laufender Buchstabe z. Bezeichnung der bei einem Straffalle Beteiligten	Name, Vorname, Beruf, Wohnort oder Aufenthaltsort, Alter des Beschuldigten	Vorbestrafungen Tag der begangenen Tat	Vorbestrafungen Tag des Strafbefehls oder Urteils	Vorbestrafungen Tag der Rechtskraft	I. Inhalt der Beschuldigung nach Tat, Gegenstand, Zeit, Ort und näheren Umständen, welche eine Erhöhung der ordentlichen Strafe oder eine Zusatzstrafe rechtfertigen. II. Bezeichnung der Zeugen und des Grundes ihrer Wissenschaft. III. Bezeichnung der in Beschlag genommenen Gegenstände. IV. Benennung des Beschädigten.	Wert des Entwendeten ℳ
1.	2.	3.	4. a.	b.	c.	5.	6.
		I. Forstschutzbezirk Gershagen.					
1	a.	Tietz, Gust., Dienstknecht zu Gershagen, 17 Jahre alt.	1) 9. 10. 1900 2) 25. 9. 1901	3. 12. 1900 13. 11. 1901	13. 12. 1900 28. 12. 1901	I. Diebstahl an einer Kiefernstange 4. Kl. verübt am 10. 3. 1902, Vorm. 9 Uhr, in der Gershagener Heide. II. Forstaufseher Schütz I zu Gershagen; Zugeständnis. IV. Kgl. Forstfiskus.	0,15
	b.	Schmidt, August, Eigentümer zu Gershagen.				I. Haftbar als Dienstherr wegen der Tat des Tietz.	
2		Lehmann, Fritz, Kossät zu Trebbin, Alter nicht genau bekannt, jedenfalls über 18 Jahre alt.				I. Diebstahl an 40 Kiefernstangen 3. Kl.; am 27. 3. 1902, Nachts 2 Uhr, in der Gershagener Heide, mittels Säge, zum Zwecke der Veräusserung des Entwendeten. II. Arbeiter Kunze aus Wilmersdorf bei der Tat beobachtet; Förster Albrecht Spur verfolgt. III. Die bei dem Diebstahl benutzte Säge. IV. Kgl. Forstfiskus.	20,00
						II.	

Muster II.

Antrag des Amtsanwalts auf Erlaß eines Strafbefehls							Inhalt des richterlichen Strafbefehls									Erledigt durch Urteil 1. Instanz		
Strafgesetz	Geldstrafe ℳ	Gefängnisstrafe od. Strafarb. f. d. Unvermögensfall Tage	Haftstrafe § 361 Nr. 9 StGB. für den Unvermögensfall Tage	Haftstrafe § 361 Nr. 9 StGB. in erster Linie Tage	Wertersatz ℳ	Einziehung	Strafgesetz	Geldstrafe ℳ	Gefängnisstrafe od. Strafarb. f. d. Unvermögensfall Tage	Haftstrafe § 361 Nr. 9 StGB. für den Unvermögensfall Tage	Haftstrafe § 361 Nr. 9 StGB. in erster Linie Tage	Wertersatz ℳ	Einziehung	Empfangsberechtigt-er für Geldstrafe und Wertersatz	Die Zustellung des Strafbefehls ist beurkundet Bl.	auf Einspruch gegen den Strafbefehl	nach Ablehnung des Antrags auf Erlaß eines Strafbefehls	Bemerkungen
7. a.	b.	c.	d.	e.	f.	g.	8. a.	b.	c.	d.	e.	f.	g.	h.	9.	10. a.	b.	11.
FDG. §§ 1. 7. 9. 13. 14	*2,00*	*1 Tag*			*0,15*													
FDG. § 11.	*2,00*				*0,15*													
		Es wird besondere Anklage aus § 6 Nr. 2 des FDG. erhoben.																

Laufende Nummer zur Bezeichnung des Straffalles.	Laufender Buchstabe z. Bezeichnung der bei einem Straffalle Beteiligten	Zuname Vorname, Beruf, Wohnort oder Aufenthaltsort, Alter des Beschuldigten	Vorbestrafungen: Tag der begangenen Tat	Vorbestrafungen: Tag des Strafbefehls oder Urteils	Vorbestrafungen: Tag der Rechtskraft	I. Inhalt der Beschuldigung nach Tat, Gegenstand, Zeit, Ort und näheren Umständen, welche eine Erhöhung der ordentlichen Strafe oder eine Zusatzstrafe rechtfertigen. II. Bezeichnung der Zeugen und des Grundes ihrer Wissenschaft. III. Bezeichnung der in Beschlag genommenen Gegenstände. IV. Benennung des Beschädigten.	Wert des Entwendeten ℳ
1.	2.	3.	4. a	b.	c.	5.	6.

II. Forstschutzbezirk Friedrichshagen.

3.	a.	Schulz, Friedrich, Arbeiter zu Friedrichshagen, 20 Jahre alt.	1) 24. 8. 1900 2) 22.12. 1901	1. 10. 1900 13. 2. 1902	3. 1. 1901 20. 2. 1902	I. Diebstahlsversuch, in Gemeinschaft mit seinem 10jähr. Bruder Christoph, an einer Kiefernstange 3. Kl., am 27. 2. 1902 Nachm. 4 Uhr, in der Friedrichshagener Heide, mittels Säge. II. Forstaufseher Schütz II zu Neurode, auf der Tat betroffen. III. Die benutzte Säge. IV. Kgl. Forstfiskus.	0,80
	b.	Schulz, Carl, Arbeiter zu Friedrichshagen, etwa 50 Jahre alt.				I. Hat es unterlassen, seinen 10jähr. Sohn Christoph von der Begehung des mit Friedrich Schulz gemeinschaftlich verübten Forstdiebstahls abzuhalten.	
4.		Kasper, Peter, Maurer zu Friedrichshagen, jedenfalls über 18 Jahre alt.	—	3. 12. 1901	15. 1. 1902	I. Gewahrsam an 8 Birkenstangen 3. Kl., welche frisch gefällt und nicht forstmässig zugerichtet waren; am 10. 3. 1902 Morgens 6 Uhr in seiner Wohnung. Inhaber konnte sich über den redlichen Erwerb nicht ausweisen. II. Forstaufseher Schütz II zu Neurode u. Amtsvorsteher Günther zu Friedrichshagen; Haussuchung.	6,40
						III.	

Muster II.

Antrag des Amtsanwalts auf Erlaß eines Strafbefehls							Inhalt des richterlichen Strafbefehls								Die Zustellung des Strafbefehls ist beurkundet	Erledigt durch Urteil 1. Instanz		Bemerkungen
Strafgesetz	Geldstrafe ℳ	Gefängnisstrafe od. Strafarb. f. d. Unvermögensfall Tage	Haftstrafe § 361 Nr. 9 StGB. für den Unvermögensfall Tage	Haftstrafe § 361 Nr. 9 StGB. in erster Linie Tage	Werterſatz ℳ	Einziehung	Strafgesetz	Geldstrafe ℳ	Gefängnisstrafe od. Strafarb. f. d. Unvermögensfall Tage	Haftstrafe § 361 Nr. 9 StGB. für den Unvermögensfall Tage	Haftstrafe § 361 Nr. 9 StGB. in erster Linie Tage	Werterſatz ℳ	Einziehung	Empfangsberechtigter für Geldstrafe und Werterſatz	Bl.	auf Einspruch gegen den Strafbefehl	nach Ablehnung des Antrags auf Erlaß eines Strafbefehls	
7. a.	b.	c.	d.	e.	f.	g.	8. a.	b.	c.	d.	e.	f.	g.	h.	9.	10. a.	b.	11.
FDG. §§ 1. 3^{4}. 4. 7. 9. 13. 15.	8,00	4 Tage			0,80	1 Säge												
Str.-GB. §361. No. 9			4 Tage															
FDG. § 17.						8 Birkenstangen 3. Kl.												

Laufende Nummer zur Bezeichnung des Straffalles	Laufender Buchstabe z. Bezeichnung der bei einem Straffalle Beteiligten	Zuname, Vorname, Beruf, Wohnort oder Aufenthaltsort, Alter des Beschuldigten	Vorbestrafungen: Tag der begangenen Tat	Vorbestrafungen: Tag des Strafbefehls oder Urteils	Vorbestrafungen: Tag der Rechtskraft	I. Inhalt der Beschuldigung nach Tat, Gegenstand, Zeit, Ort und näheren Umständen, welche eine Erhöhung der ordentlichen Strafe oder eine Zusatzstrafe rechtfertigen. II. Bezeichnung der Zeugen und des Grundes ihrer Wissenschaft. III. Bezeichnung der in Beschlag genommenen Gegenstände. IV. Benennung des Beschädigten.	Wert des Entwendeten ℳ
1.	2.	3.	4. a.	b.	c.	5.	6.
III. Forstschutzbezirk Kernsdorf.							
5.	a.	Rückert, August, Mieterssohn zu Kolonie Kernsdorf, zwischen 12 und 18 Jahre alt.	1) 3. 9. 1901 2) 6. 12. 1901	3. 11. 1901 2. 1. 1902	5. 12. 1901 3. 2. 1902	I. Diebstahl an einer Kiefernstange 3. Kl. am 18. 3. 1902, Abends 10 Uhr, im Schutzbezirk Kernsdorf, Jagen 7. II. Kolonist Busch zu Kolonie Kernsdorf, bei der Tat betroffen. IV. Königl. Forstfiskus.	0,15
	b.	Rückert, August, Mieter zu Kolonie Kernsdorf, 60 Jahre alt.				I. Haftbar als Vater für den Diebstahl des unter seiner Gewalt stehenden Sohnes.	

Die Werte in Spalte 6 sind in Gemässheit des § 9 Abs. 2 des FDG. abgeschätzt.

Niendorf,
den 15. April 1902.

Fuchs,
Königl. Oberförster
und Amtsanwalt.

Muster II.

7. Antrag des Amtsanwalts auf Erlaß eines Strafbefehls							8. Inhalt des richterlichen Strafbefehls								9.	10. Erledigt durch Urteil 1. Instanz		11.
			Haftstrafe § 361 Nr. 9 StGB.							Haftstrafe § 361 Nr. 9 StGB.								
Strafgesetz	Geldstrafe M	Gefängnisstrafe od. Strafarb. f. d. Unvermögensfall Tage	für den Unvermögensfall Tage	in erster Linie Tage	Wertersatz M	Einziehung	Strafgesetz	Geldstrafe M	Gefängnisstrafe od. Strafarb. f. d. Unvermögensfall Tage	für den Unvermögensfall Tage	in erster Linie Tage	Wertersatz M	Einziehung	Empfangsberechtigter für Geldstrafe und Wertersatz	Die Zustellung des Strafbefehls ist beurkundet Bl.	auf Einspruch gegen den Strafbefehl	nach Ablehnung des Antrags auf Erlaß eines Strafbefehls	Bemerkungen
a.	b.	c.	d.	e.	f.	g.	a.	b.	c.	d.	e.	f.	g.	h.	9.	a.	b.	11.
FDG. §§ 1. 3¹. 7. 10. 13. 14.	*2,00*				*0,15*													
FDG. §§ 11. 13.	*2,00*				*0,15*													

Anlage 5. (Vgl. § 27 Anm. 8 S. 82.) **Muster** zu einem Strafbefehl gegen den Täter oder Teilnehmer in den Fällen der §§ 1 bis 5, 7, 17 FDG. (Just.-Min.-Erl. v. 4. Nov. 1884 u. 18. April 1900.)

Bei allen Eingaben ist die nachstehende Geschäftsnummer anzugeben.

Strafbefehl.

Geschäftsnummer:

In dem Forstdiebstahlsverzeichnisse des Forstreviers Niendorf für den Monat März ist folgende Beschuldigung enthalten:

Laufende Nummer zur Bezeichnung des Straffalls	Laufender Buchstabe z. Bezeichnung der bei einem Straffalle Beteiligten	Name, Vorname, Beruf, Wohnort oder Aufenthaltsort, Alter des Beschuldigten	Vorbestrafungen: Tag der begangenen Tat	Vorbestrafungen: Tag des Strafbefehls oder Urteils	Vorbestrafungen: Tag der Rechtskraft	I. Inhalt der Beschuldigung nach Tat, Gegenstand, Zeit, Ort und näheren Umständen, welche eine Erhöhung der ordentlichen Strafe oder eine Zusatzstrafe rechtfertigen. II. Bezeichnung der Zeugen und des Grundes ihrer Wissenschaft. III. Bezeichnung der in Beschlag genommenen Gegenstände. IV. Benennung des Beschädigten.	Wert des Entwendeten ℳ
1.	2.	3.	4. a.	b.	c.	5.	6.
3.	a.	Schulz, Friedrich, Arbeiter zu Friedrichshagen, 20 Jahre alt.	1) 24. 8. 1900 2) 22. 12. 1901	1. 10. 1900 13. 2. 1902	3. 1. 1901 20. 2. 1902	I. Diebstahlsversuch; in Gemeinschaft mit seinem 10 jähr. Bruder Christoph, an einer Kiefernstange 3. Kl., am 27. 2. 1902 Nachm. 4 Uhr; in der Friedrichshagener Forst, mittels Säge. II. Forstaufseher Schütz II zu Neurode, auf der Tat betroffen. III. Die benutzte Säge. IV. Kgl. Forstfiskus.	0,80

Auf Antrag der Königlichen Staatsanwaltschaft hat das Königliche Amtsgericht in Finsterwalde deshalb gegen Sie in Gemäßheit der §§ 1, 3¹, 4, 7, 9, 13, 15 des Forstdiebstahlsgesetzes vom 15. April 1878 . . . eine **Geldstrafe** von Acht Mark, und für den Fall, daß diese nicht beigetrieben werden kann, eine **Gefängnisstrafe** von vier Tagen, statt deren Sie auch zu Forst- oder Gemeindearbeiten für die gleiche Dauer angehalten werden können, festgesetzt, auch Ihre Verpflichtung zum Ersatze des Wertes des Entwendeten an den Bestohlenen mit 0,80 Mark — und die Einziehung der Ihnen abgenommenen Säge — ausgesprochen.

Außerdem sind Ihnen die Kosten des Verfahrens auferlegt.

Es steht Ihnen frei, in dem Termine

am 20sten Juni 1902, Vormittags 10 Uhr

vor dem Königlichen Amtsgericht in Finsterwalde — Zimmer Nr. 1 — zu erscheinen und Einspruch gegen diesen Strafbefehl zu erheben. In diesem Falle wird sofort zur Hauptverhandlung geschritten werden. Ein schriftlicher Einspruch wird nicht berücksichtigt.

Wenn Sie nicht in dem Termin erscheinen und Einspruch erheben, so wird der Strafbefehl gegen Sie vollstreckbar.

Wollen Sie sich bei diesem Strafbefehle beruhigen und keinen Einspruch erheben, so brauchen Sie in dem Termine nicht zu erscheinen.

Die Geldstrafe, der Werterſatz und die Kosten sind gemäß der hierunter stehenden Kostenrechnung an die hiesige Gerichtskasse Gartenstraße Nr. 2 binnen einer Woche nach dem Eintritte der Vollstreckbarkeit bei Vermeidung der Zwangsvollstreckung zu zahlen. Bei der Zahlung ist dieser Strafbefehl vorzulegen oder durch Angabe Ihres Namens und der Geschäftsnummer genau zu bezeichnen.

Finsterwalde, den 20. Mai 1902.

Borchert,
Gerichtsschreiber des Königlichen Amtsgerichts.

An

den Arbeiter Friedrich Schulz

zu

Friedrichshagen.

Kostenrechnung.

1. Geldstrafe	8 M.		Pf.
2. Werterſatz	„	80	„
3. Gerichtsgebühr § 121 des Preußischen, §§ 59, 61, 62, 63 des Deutschen Gerichtskostengesetzes) . .	1 „		„
4. Schreibgebühren (§§ 79, 80 des Deutschen Gerichtskostengesetzes .	„	10	„
zusammen	9 M.	90	Pf

Anlage 6. (Vgl. § 27 Anm. 8 S. 82.)

Muster zu einem Strafbefehl gegen den aus § 11 FDG. Haftbaren (Just. Min.-Erl. v. 4. Nov. 1884 u. 18. April 1900).

Strafbefehl (usw. wie auf S. 122; sodann ist fortzufahren:)

Auf Antrag der Königlichen Staatsanwaltschaft hat das Königliche Amtsgericht in . . . . . deshalb in Gemäßheit der §§ . . . . . . des Forstdiebstahlsgesetzes vom 15. April 1878 gegen d . . Angeklagte . . . . eine **Geldstrafe** von . . . . . . und für den Fall, daß diese nicht beigetrieben werden kann eine **Gefängnisstrafe** von . . . . festgesetzt, auch de . en Verpflichtung zum Ersatze des Wertes des Entwendeten an den Bestohlenen mit . . . . — und die Einziehung de . . . . — ausgesprochen sowie de . Angeklagten die Kosten des Verfahrens auferlegt.

In Gemäßheit des § 11 des Forstdiebstahlsgesetzes sind Sie im Falle des Unvermögens de . Angeklagten . . . . als haftbar für die Geldstrafe, den Werterſatz und die Kosten erklärt.

Es steht Ihnen frei, in dem Termin

am . . ten . . . . . . 19 . ., ... mittags . . Uhr

vor dem Königlichen Amtsgericht in . . . . — Zimmer Nr. . . . . zu erscheinen und Einspruch gegen diesen Strafbefehl zu erheben. In diesem Falle wird sofort zur Hauptverhandlung geschritten werden. Ein schriftlicher Einspruch wird nicht berücksichtigt.

Wenn Sie nicht in dem Termin erscheinen und Einspruch erheben, so wird der Strafbefehl gegen Sie vollstreckbar. **Wollen Sie sich bei diesem Strafbefehle beruhigen und keinen Einspruch erheben, so brauchen Sie in dem Termine nicht zu erscheinen**

Die Geldstrafe, der Werterſatz und die Kosten sind gemäß der hierunter stehenden Kostenrechnung an die hiesige Gerichtskasse . . . . straße Nr. . . binnen einer Woche nach dem Eintritte der Vollstreckbarkeit bei Vermeidung der Zwangsvollstreckung zu zahlen. Bei der Zahlung ist dieser Strafbefehl vorzulegen oder durch Angabe Ihres Namens und der Geschäftsnummer genau zu bezeichnen

. . . ., den . . ten . . . . 19 . .

An

Gerichtsschreiber des Königlichen Amtsgerichts.

Kostenrechnung.

1. Geldstrafe	M.	Pf.
2. Werterſatz	"	"
3. Gerichtsgebühr (§ 121 des Preußischen, §§ 59, 61, 62, 63 des Deutschen Gerichtskostengesetzes)	"	"
4. Schreibgebühren (§§ 79, 80 des Deutschen Gerichtskostengesetzes)	"	"
zusammen	M.	Pf.

Muster zu einem Strafbefehl gegen den aus § 11 FDG. Haftbaren beim Zusammentreffen mit § 361 Nr. 9 StGB. (Just.-Min.-Erl. v. 4. Nov. 1884 u. 18. April 1900). Vgl. § 27 Anm. 7. **Anlage 7.** (Vgl. § 27 Anm. 8 S. 82.)

Strafbefehl (usw. wie auf S. 122; sodann ist fortzufahren:)

Auf Antrag der Königlichen Staatsanwaltschaft hat das Königliche Amtsgericht in . . . . deshalb in Gemäßheit der §§ . . . des Forstdiebstahlsgesetzes vom 15. April 1878 gegen d . . Angeklagte . . . . eine **Geldstrafe** von . . . . und für den Fall, daß diese nicht beigetrieben werden kann, eine **Gefängnisstrafe** von . . . . . . festgesetzt, auch de . en Verpflichtung zum Ersatze des Wertes des Entwendeten an den Bestohlenen mit . . . . . . — und die Einziehung de . . . . . . — ausgesprochen sowie de . Angeklagten die Kosten des Verfahrens auferlegt.

In Gemäßheit des § 11 des Forstdiebstahlsgesetzes sind Sie im Falle des Unvermögens de . Angeklagten . . . . als haftbar für die Geldstrafe, den Wertersatz und die Kosten erklärt.

Außerdem ist gegen Sie auf Grund des § 361 Nr. 9 des Strafgesetzbuchs — eine **Geldstrafe** von . . . . und für den Fall, daß dieselbe nicht beigetrieben werden kann, — eine **Haftstrafe** von . . . . Tagen festgesetzt worden, weil Sie es unterlassen haben, d . . Angeklagte . . . . von der Begehung eines Forstdiebstahls in dem Forstrevier . . . . am . . ten . . . . . 19 . . abzuhalten.

Es steht Ihnen frei, in dem Termin

am . . ten . . . . . . 19 . ., ... mittags . . Uhr

vor dem Königlichen Amtsgericht in . . . . — Zimmer Nr. . . . . . . zu erscheinen und Einspruch gegen diesen Strafbefehl zu erheben. In diesem Falle wird sofort zur Hauptverhandlung geschritten werden. Ein schriftlicher Einspruch wird nicht berücksichtigt.

Wenn Sie nicht in dem Termin erscheinen und Einspruch erheben, so wird der Strafbefehl gegen Sie vollstreckbar. **Wollen Sie sich bei diesem Strafbefehle beruhigen und keinen Einspruch erheben, so brauchen Sie in dem Termine nicht zu erscheinen.**

Die Geldstrafe, der Wertersatz und die Kosten sind gemäß der hierunter stehenden Kostenrechnung an die hiesige Gerichtskasse . . . . straße Nr. . . binnen einer Woche nach dem Eintritte der Vollstreckbarkeit bei Vermeidung der Zwangsvollstreckung zu zahlen. Bei der Zahlung ist dieser Strafbefehl vorzulegen oder durch Angabe Ihres Namens und der Geschäftsnummer genau zu bezeichnen.

An

. . . . , den . . ten . . . . 19 . .

Gerichtsschreiber des Königlichen Amtsgerichts.

Kostenrechnung.

I. Für den Fall, daß . . . . die gegen . . festgesetzte Geldstrafe, den Wertersatz und die Kosten nicht zahl . . , haben Sie zu zahlen:

	M.	Pf.
1. Geldstrafe	M.	Pf.
2. Wertersatz	"	"
3. Gerichtsgebühr (§ 121 des Preußischen, §§ 59, 61, 62, 63 des Deutschen Gerichtskostengesetzes) . .	"	"
4. Schreibgebühren (§§ 79, 80 des Deutsch. Gerichtskostengesetzes)	"	"
zusammen	M.	Pf.

II. Außerdem haben Sie in jedem Falle zu zahlen:

	M.	Pf.
1. Geldstrafe	M.	Pf.
2. Gerichtsgebühr (§ 121 des Preußischen, §§ 59, 61, 62, 63 des Deutschen Gerichtskostengesetzes) . . .	"	"
3. Schreibgebühren §§ (79, 80 des Deutschen Gerichtskostengesetzes) . . .	"	"
zusammen	M.	Pf.

Anlage 8. (Vgl. § 27 Anm. 8 S. 82.)

Muster zu einem Strafbefehl gegen den aus § 12 FDG. Haftbaren, auch beim Zusammentreffen mit § 361 Nr. 9 StGB. zu benutzen (Just.-Min.-Erl. v. 4. Nov. 1884 u. 18. April 1900.)

Strafbefehl (usw. wie auf S. 122; sodann ist fortzufahren:)

Auf Antrag der Königlichen Staatsanwaltschaft hat das Königliche Amtsgericht in . . . . . . deshalb gegen Sie als unmittelbar für d . . . . haftbar in Gemäßheit der §§ . . . . des Forstdiebstahlsgesetzes vom 15. April 1878 eine **Geldstrafe** von . . . . festgesetzt, auch Ihre Verpflichtung zum Ersatze des Wertes des Entwendeten an den Bestohlenen mit . . . . sowie zur Tragung der Kosten des Verfahrens ausgesprochen.

— Außerdem ist gegen Sie auf Grund des § 361 Nr. 9 des Strafgesetzbuchs — eine **Geldstrafe** von . . . . und für den Fall, daß diese nicht beigetrieben werden kann, — eine Haftstrafe von . . . . Tagen festgesetzt worden, weil Sie es unterlassen haben, Ihre . . . . von der Begehung eines Forstdiebstahls in dem Forstrevier . . . . am . . ten . . . . . . 19 . . abzuhalten. —

Es steht Ihnen frei, in dem Termin

am . . ten . . . . 19 . . . . . mittags . . Uhr

vor dem Königlichen Amtsgericht in . . . . — Zimmer Nr. . . . . zu erscheinen und Einspruch gegen diesen Strafbefehl zu erheben. In diesem Falle wird sofort zur Hauptverhandlung geschritten werden. Ein schriftlicher Einspruch wird nicht berücksichtigt.

Wenn Sie nicht in dem Termin erscheinen und Einspruch erheben, so wird der Strafbefehl gegen Sie vollstreckbar.

Wollen Sie sich bei diesem Strafbefehle beruhigen und keinen Einspruch erheben, so brauchen Sie in dem Termine nicht zu erscheinen.

Die Geldstrafe, der Wertersatz und die Kosten sind gemäß der hierunter stehenden Kostenrechnung an die hiesige Gerichtskasse . . . . straße Nr. . . . binnen einer Woche nach dem Eintritte der Vollstreckbarkeit bei Vermeidung der Zwangsvollstreckung zu zahlen. Bei der Zahlung ist dieser Strafbefehl vorzulegen oder durch Angabe Ihres Namens und der Geschäftsnummer genau zu bezeichnen.

. . . ., den . . ten . . . . . . 19 . .

An

. . . .

Gerichtsschreiber des Königlichen Amtsgerichts.

Kostenrechnung:

1. Geldstrafe	M.	Pf.
2. Wertersatz	"	"
3. Gerichtsgebühr (§ 121 des Preußischen, §§ 59, 61, 62, 63 des Deutschen Gerichtskostengesetzes) . .	"	"
4. Schreibgebühren (§§ 79, 80 des Deutschen Gerichtskostengesetzes) .	"	"
zusammen	M.	Pf.

Muster zu einer Anklageschrift (Just.-Min.-Verf. v. 18. April). **Anlage 9.** (Vgl. § 30 Anm. 2 S. 92.)

Der Amtsanwalt. Niendorf, den 15ten April 1903.

An das Amtsgericht
in
Finsterwalde.

Beschluß.

Auf Antrag der Königlichen Staatsanwaltschaft wird gegen den Kossäten Fritz Lehmann zu Trebbin, zwischen 18 und 20 Jahre alt, bisher nicht bestraft, nicht im Militärverhältnisse

welcher hinreichend verdächtig erscheint, am 27. März 1902 Nachts 2 Uhr in der Gershagener Heide 40 Kiefernstangen 3. Klasse im Werte von 20 Mark, dem Kgl. Fiskus gehörig, vom Stamme gestohlen zu haben und zwar unter Anwendung einer Säge und zum Zwecke der Veräusserung des Entwendeten,*

Anklageschrift.

Der Kossät Fritz Lehmann zu Trebbin, zwischen 18 und 20 Jahre alt, bisher nicht bestraft, nicht im Militärverhältnisse,

wird auf Grund der in Spalte 5 des umstehend beigefügten Auszuges aus dem Forstdiebstahlsverzeichnis angegebenen Beweismittel angeklagt, am 27. März 1902 Nachts 2 Uhr in der Gershagener Heide 40 Kiefernstangen 3. Klasse im Werte von 20 Mark, dem Kgl. Forstfiskus gehörig, vom Stamme gestohlen zu haben und zwar unter Anwendung einer Säge und zum Zwecke der Veräusserung des Entwendeten.

Vergehen gegen die §§ 1, 3 Nr. 1 u. 4 u. 6 Nr. 2 des Gesetzes, betreffend den Forstdiebstahl, vom 15. April 1878 das Hauptverfahren vor dem Königlichen Schöffengerichte hier eröffnet.

Finsterwalde,
den 19ten April 1903.

Königliches Amtsgericht.
Berthold,
Amtsrichter.

1. Termin zur Hauptverhandlung
am 16ten Mai Vormittags 10 Uhr.

2. Zu laden
   a) der Angeklagte
   b) die umseitig in Spalte 5 II bezeichnete Zeugen.

3. Vorzulegen dem Herrn Amtsanwalt.

Vergehen gegen die §§ 1, 3 Nr. 1 u. 4, 4 u. 6 Nr. 2 des Gesetzes, betreffend den Forstdiebstahl, vom 15. April 1878.

Es wird beantragt, das Hauptverfahren zu eröffnen und die Hauptverhandlung vor dem Königlichen Schöffengerichte zu Finsterwalde stattfinden zu lassen.

Fuchs,
Oberförster.

Kenntnis genommen.

Niendorf, den 25ten April 1903.

Der Amtsanwalt.
Fuchs,
Oberförster.

(Noch Anl. 9.)

Auszug aus dem Forstdiebstahlsverzeichnisse

des Forstreviers Niendorf für den Monat März 1903.

Laufende Nummer zur Bezeichnung des Straffalls	Laufender Buchstabe z. Bezeichnung der bei einem Straffalle Beteiligten	Name, Vorname, Beruf, Wohnort oder Aufenthaltsort, Alter des Beschuldigten	Vorbestrafungen: Tag der begangenen Tat	Vorbestrafungen: Tag des Strafbefehls oder Urteils	Vorbestrafungen: Tag der Rechtskraft	I. Inhalt der Beschuldigung nach Tat, Gegenstand, Zeit, Ort und näheren Umständen, welche eine Erhöhung der ordentlichen Strafe oder eine Zusatzstrafe rechtfertigen. II. Bezeichnung der Zeugen und des Grundes ihrer Wissenschaft. III. Bezeichnung der in Beschlag genommenen Gegenstände. IV. Benennung des Beschädigten.	Wert des Entwendeten M
1.	2.	3.	4. a.	4. b.	4. c.	5.	6.
2	—	Lehmann, Fritz, Kossät zu Trebbin, Alter nicht genau bekannt, jedenfalls über 18 Jahre alt.				I. Diebstahl von 40 Kiefernstangen 3. Kl.; am 27. 3. 1902 Nachts 2 Uhr, in der Gershagener Heide, mittels Säge, zum Zwecke der Veräusserung des Entwendeten. II. Arbeiter Kunze aus Wilmersdorf, bei der Tat beobachtet; Förster Albrecht Spur verfolgt. III. Die bei dem Diebstahl benutzte Säge. IV. Kgl. Forstfiskus.	20,00

Anlage 10. (Vgl. § 34 Anm. 2 S. 98.) Anlage a zu dem Erlaß des Landw.-Min. vom 24. Nov. 1893. —

Nachweisung

der . . . im . . . Quartal 19 . . aus dem Regierungsbezirk . . . . eingegangenen Antrag . . . auf . . . . . Erlaß bezw. Ermäßigung . . . . . . Forststrafe.

. . . ., den . . ten . . . . 190 .

Mit Bezugnahme auf den Erlaß vom 24. Nov. 1893, sowie in Erledigung der Randverfügungen vom . . . . (hier sind die Berichterstattung anordnenden Spezialverfügungen des Ministeriums nach Datum und Journal-Nummer zu bezeichnen) nebst den Anlagen

dem Herrn Minister für Landwirtschaft Domänen und Forsten in Berlin

gehorsamst überreicht.

(Firma usw.)

1. Seite.

Laufende Nr.	Name und Wohnort des Verurteilten	Bezeichnung der Forst, in welcher der Forstdiebstahl stattgefunden hat	Angabe der Strafe und der Behörde, von welcher dieselbe ausgesprochen ist (Bezeichnung etwaiger Vorstrafen)	Der Aktenauszug befindet sich Seite des Aktenheftes
1.	2.	3.	4.	

2. Seite.

Gutachten der Justizbehörden	Seite des Aktenheftes	Gutachten der Verwaltungsbehörden	Seite des Aktenheftes	Antrag des Regierungspräsidenten bezw. der Kgl. Regierung	Entscheidung des Ministers
5.		6.		7.	8.

Inhaltsverzeichnis.

(Die größeren Zahlen weisen auf die Paragraphen, die kleineren auf die Anmerkungen hin.)

GPSR Compliance

The European Union's (EU) General Product Safety Regulation (GPSR) is a set of rules that requires consumer products to be safe and our obligations to ensure this.

If you have any concerns about our products, you can contact us on ProductSafety@springernature.com

In case Publisher is established outside the EU, the EU authorized representative is:

Springer Nature Customer Service Center GmbH
Europaplatz 3
69115 Heidelberg, Germany

Batch number: 10844627

Printed by Printforce, the Netherlands